国家社科基金项目成果 *经管* 文库

The Impact of Local Government Debt on Systemic Financial Risk:
Micro-Mechanisms, Empirical Tests and Policy Options

地方政府债务
对系统性金融风险的影响：
微观机理、实证检验与政策选择

曾忠东／著

中国财经出版传媒集团

经济科学出版社
Economic Science Press
·北 京·

图书在版编目（CIP）数据

地方政府债务对系统性金融风险的影响：微观机理、实证检验与政策选择／曾忠东著．－－北京：经济科学出版社，2023.11
国家社科基金项目成果经管文库
ISBN 978 - 7 - 5218 - 5247 - 9

Ⅰ. ①地…　Ⅱ. ①曾…　Ⅲ. ①地方政府 - 债务管理 - 影响 - 系统风险 - 金融风险 - 研究 - 中国　Ⅳ. ①F832.1

中国国家版本馆 CIP 数据核字（2023）第 195065 号

责任编辑：胡成洁
责任校对：杨　海
责任印制：范　艳

地方政府债务对系统性金融风险的影响：
微观机理、实证检验与政策选择
曾忠东　著

经济科学出版社出版、发行　新华书店经销
社址：北京市海淀区阜成路甲 28 号　邮编：100142
经管中心电话：010 - 88191335　发行部电话：010 - 88191522
网址：www. esp. com. cn
电子邮箱：expcxy@126. com
天猫网店：经济科学出版社旗舰店
网址：http://jjkxcbs. tmall. com
北京季蜂印刷有限公司印装
710×1000　16 开　13.5 印张　260000 字
2023 年 11 月第 1 版　2023 年 11 月第 1 次印刷
ISBN 978 - 7 - 5218 - 5247 - 9　定价：60.00 元
（图书出现印装问题，本社负责调换。电话：010 - 88191545）
（版权所有　侵权必究　打击盗版　举报热线：010 - 88191661
QQ：2242791300　营销中心电话：010 - 88191537
电子邮箱：dbts@esp. com. cn）

国家社科基金项目成果经管文库

出版说明

经济科学出版社自 1983 年建社以来一直重视集纳国内外优秀学术成果予以出版。诞生于改革开放发轫时期的经济科学出版社，天然地与改革开放脉搏相通，天然地具有密切关注经济领域前沿成果、倾心展示学界翘楚深刻思想的基因。

2018 年恰逢改革开放 40 周年，40 年中，我国不仅在经济建设领域取得了举世瞩目的成就，而且在经济学、管理学相关研究领域也有了长足发展。国家社会科学基金项目无疑在引领各学科向纵深研究方面起到重要作用。国家社会科学基金项目自 1991 年设立以来，不断征集、遴选优秀的前瞻性课题予以资助，经济科学出版社出版了其中经济学科相关的诸多成果，但这些成果过去仅以单行本出版发行，难见系统。为更加体系化地展示经济、管理学界多年来躬耕的成果，在改革开放 40 周年之际，我们推出"国家社科基金项目成果经管文库"，将组织一批国家社科基金经济类、管理类及其他相关或交叉学科的成果纳入，以期各成果相得益彰，蔚为大观，既有利于学科成果积累传承，又有利于研究者研读查考。

本文库中的图书将陆续与读者见面，欢迎相关领域研究者的成果在此文库中呈现，亦仰赖学界前辈、专家学者大力推荐，并敬请经济学界、管理学界给予我们批评、建议，帮助我们出好这套文库。

经济科学出版社经管编辑中心

2018 年 12 月

　　本书为国家社会科学基金一般项目"地方政府债务对系统性金融风险的影响：微观机理、实证检验与政策选择"（项目编号：16BJY152）研究成果。

前言
Preface

　　系统性金融风险的防范化解是中国全面建成小康社会三大攻坚战之一"防范化解重大风险"的重中之重，其中，地方政府债务风险是"防风险"中的关键问题之一，也是新形势下牢牢守住不发生系统性风险底线的重要构成部分。据财政部数据，截至2022年12月末，全国地方政府债务余额超过35万亿元，比2019年末增加14万亿元，相比2014年末则增长了一倍多。如果再考虑隐性债务，这一数额的增长幅度更大，个别地区的隐性债务存量甚至数倍于显性债务。不断累积的地方政府债务给金融安全带来了挑战，2020年和2021年的中央经济工作会议对遏制新增地方隐性债务、抓实化解隐性债务风险提出了明确要求。化解地方政府债务风险，防止金融压力的积聚和系统性金融风险的发生对我国经济平稳运行有着重要意义。

　　本书从理论和实证两方面，对我国地方政府债务对系统性金融风险的影响机理和影响程度进行全面系统的分析，并为有效化解地方政府债务风险、防范系统性金融风险提供政策建议。全书的研究可分为三个部分，主要内容与重要结论如下。

　　第一部分是理论研究。分别从地方政府债务、系统性金融风险及地方政府债务影响系统性金融风险的微观机理三方面展开。在地方政府债务方面，探讨了地方债的相关概念、发展历程和地方债风险的形成原因，分析比较了地方债风险的主要评价方法；在系统性金融风险方面，辨析了系统性金融风险的相关概念，阐述了潜在的风险诱发因素，比较了系统性金融风险的主要评价方法；在地方政府债务影响系统性金融风险的微观机理方面，以或有权益分析（CCA）模型为基础，通过建立典型微观主体CCA资产负债表，重点对地方政府、融资平台和金融机构的关键行为特征进行刻画，并对地方政府债务影响系统性金融风险的直接和间接传导渠道、异质性特征和空间效应进行了理论分析，为风险的治理和防范奠定了理论基础。

第二部分是实证研究。分别从国家、省级、融资平台公司三个层面，量化了地方政府债务对系统性金融风险的影响。国家层面的实证研究，测算了地方政府显性债务规模和系统性金融风险，选取 2003 ~ 2020 年数据，运用 MS – VAR、TVP – VAR 系列方法，从宏观层面实证分析了地方政府债务对系统性金融风险的影响及其动态时变特征；省级层面的实证研究，利用 CCA 模型测算了地方政府债务违约距离，运用金融压力指数法测算了区域金融风险，选取 2011 ~ 2019 年 30 个省市自治区的面板数据，运用面板计量模型、中介效应模型、动态空间面板模型，从中观层面检验了地方政府债务对系统性金融风险影响的传导机制、异质性特征和空间效应；微观公司层面的实证研究，运用城投债利差，并以 16 家上市银行为样本，通过建立 SCCA – VAR 模型，从微观层面检验了地方政府债务对系统性金融风险的影响。总体看，宏观、中观和微观三个层面的实证结果均支持地方政府债务风险是导致我国系统性金融风险上升的重要因素，地方政府债务对系统性金融风险的影响存在空间溢出效应和异质性特征，影子银行和土地财政是我国地方政府债务影响系统性金融风险的重要传导渠道，防范系统性金融风险必须加强对地方政府债务风险的治理。

第三部分是政策研究。首先，评估了在宏观经济环境、数字金融发展和政策环境变化的情形下，地方政府债务对系统性金融风险带来的影响，论证了新形势下，加快构建双循环新发展格局，发挥数字金融"弯道超车"新动力，以创新驱动实现经济的高质量发展，以及从国家宏观层面实施地方政府债务管理政策，对防范我国系统性金融风险具有重要意义。其次，从不动产投资信托基金（real estate investment trust，REITs）的视角对债务风险的解决方案进行了设计，论证了发展地方债REITs是一项可行的风险缓释方案，有助于降低地方政府债务风险，减少对系统性金融风险的发生概率。最后，在对全书研究进行总结的基础上，从债务融资、传导渠道、异质性、空间效应和金融创新赋能五个视角针对性提出了政策建议。

本书的创新主要体现在以下四方面。

（1）构建基于主体的微观理论模型，以CCA模型为基础，通过建立典型微观主体CCA资产负债表，充分考虑影子银行、金融分权、土地财政等因素，更好地解释了地方政府（包括融资平台）举债行为诱发系统性金融风险的内在机理和风险传导中的放大机制。

（2）在微观层面的系统性金融风险测度中采用了SCCA方法，结合极值Copula函数，考虑了违约的尾部风险和非线性相依结构；在全国层面和省级层面的测度中采用了金融压力指数法，在权重合成方法上综合运用了CDF信用赋权法和动态相关系数法，克服了大多数传统方法或者依赖正态分布假设，或者权重不具有明确经济学含义，或者未考虑多个金融市场之间的高度依赖性和时间关联性的缺陷，能更好地反映金融风险的动态变化。

（3）从国家、省级、融资平台公司三个层面，分别采用地方政府（显性）债务率、CCA风险指标（广义）债务违约距离和城投债利差，量化了地方政府债务对系统性金融风险的影响，检验了影响的传导机制、异质性机制和空间效应，为地方政府债务影响系统性金融风险的机制提供了经验证据，丰富了地方政府债务的实证研究。

（4）在研究方法上，本书运用兼具时变和随机波动特征的TVP–

VAR 模型，从宏观层面检验了地方政府债务对系统性金融风险的影响，有效识别了二者影响关系随时间变化改变的时变特征。在中观层面，采用空间分析方法和动态空间杜宾模型，构建多样化空间关联模式，从省级层面实证研究了地方政府债务对区域系统性金融风险的影响，并进一步通过调节效应和中介效应模型，在经验上识别了地方政府债务影响系统性金融风险的传导渠道。在微观层面，进一步采用市场化的高频率指标——城投债利差，通过构建 SCCA - VAR 模型，从微观公司（融资平台）层面实证分析了地方政府债务风险对系统性金融风险的影响，以弥补宏观和中观层面研究的不足，形成有益的补充。

在本书完成之际，我衷心感谢国家社会科学基金委员会一般项目（项目编号：16BJY152）对本书研究给予的资助，感谢经济科学出版社的编辑为本书出版付出的辛勤劳动，感谢我的研究生刘芳楼、代林、杨京松、江林芝、黄茜、潘晨露对书中资料的搜集、整理和撰写。最后，感谢我的家人对我工作的一贯支持。

学无止境，囿于本人学识水平，本书的研究仍存在诸多不足之处，敬请广大学者和读者批评指正，提出宝贵的意见与建议。

曾忠东

2023 年 6 月

目　录
Contents

第1章 导 论

1.1 研究背景及意义

1.1.1 研究背景

2008 年全球金融危机后，为了平稳经济，我国在 2009 年推出了"4 万亿"经济刺激计划。随之而来的是地方政府债务的高企，地方政府通过举债的方式来弥补资金缺口的弊端逐渐显现。一方面，地方政府债务的规模越来越不可控，系统性金融风险被触发的可能性加大。截至 2020 年底，我国地方政府显性债务总余额为 25.66 万亿元，平均地方政府债务率（债务余额/综合财力）高达 96.9%，[①] 特别是个别地方政府的债务风险已经远超出警戒线，如 2019 年贵州省的债务率为 146.27%。[②] 另一方面，地方政府债务会加速影子银行的发展，在 4 万亿元刺激计划实施三至五年后，地方政府融资平台需要为到期的银行贷款和正在推进的基础设施项目进行再融资，然而，在 2010 年中后期，地方政府融资受到了传统银行信贷标准收紧的挤压，于是地方政府融资平台开始在银行间市场发行市政公司债券，这些市政公司债券中的大多数都是由理财产品购买的，而理财产品由商业银行出售并提供隐性担保，是影子银行的重要组成部分，这进一步加速了影子银行的发展。从 2011 年开始，我国开始排查地方政府债务，

---

①② 资料来源：Wind 数据库。

这意味着我国这一阶段的宏观经济目标已经发生改变，开始由保增长转向防风险。2013 年习近平同志首次提出"新常态"，我国经济增长进入转型期，这进一步说明了我国宏观经济焦点的转变，2017 年 10 月，党的十九大报告指出要"健全金融监管体系，守住不发生系统性金融风险的底线"。化解地方政府债务风险，防止金融压力的积聚和系统性金融风险的发生对我国经济平稳运行有着重要意义。

1.1.2　选题意义

1. 理论意义

目前针对地方政府债务对系统性金融风险影响的理论研究比较零散，本书从金融视角（包括金融分权、影子银行等）对地方政府债务进行深入理论分析，通过构建基于主体的微观理论模型，充分考虑了影子银行、金融分权、土地财政等因素，探讨地方政府（包括融资平台）举债行为诱发系统性金融风险的内在机理和风险传导的放大机制，丰富了地方政府债务理论；运用国家、省级、融资平台公司三个层面数据测度地方政府债务风险，并量化研究地方政府债务对系统性金融风险的影响程度，丰富了地方政府债务的研究；运用金融压力指数法测度全国层面和省级层面系统性金融风险，运用 SCCA 方法测度微观层面系统性金融风险，丰富了系统性金融风险的研究。

2. 应用价值

第一，从不同层面测度地方政府债务风险，有助于相关部门和学者清晰把握我国地方政府债务风险程度和分布；第二，对系统金融风险的测度，有助于有关部门风险监管政策的制定；第三，通过量化地方政府债务对系统性金融风险的影响，有助于有关部门合理判定金融稳定约束下地方政府债务的安全区域；第四，通过风险传导及影响的理论和实证分析，有助于有关部门抓住核心环节，完善债务管理政策和金融机构管理政策，有效防范和化解财政和金融风险。

1.2　文献综述

1.2.1　国外研究现状

国外相关研究成果主要集中在以下三方面。

（1）政府债务风险及其测度的研究。以"财政风险矩阵"（Hana，1998）为代表，其中关于地方政府债务风险的研究，体现在集权制与分权制国家对债务风险管理存在差别，集权制国家的中央政府一般要为地方政府债务承担兜底责任，存在预算软约束，地方政府债务规模有不断扩张的趋势（Kornai，1986；Wildasin，1997）等；分权制国家的中央与地方权责划分明确，地方政府有自主发债权，且由地方政府独立承担偿债责任，但对地方政府的债务偿还能力和风险管理要求较高（Tiebout，1956）。同时，从不同的视角形成了各类测度政府债务风险的方法，包括检验政府债务是否符合"非蓬齐博弈"条件（McCallum，1984）、现值约束法（Barro，1979），测定债务负担率（Domar，1944），测定政府发生财政危机的概率（Xu and Ghezzi，2003）等。

（2）关于政府债务风险与金融风险关系的研究，主要有以下三个角度。一是银行风险向政府债务风险转化。一些学者认为国内银行的负债由政府做隐性担保，从而产生信贷的道德风险问题，但政府会为银行不良贷款增多引起的财政赤字进行融资，诱发债务危机（Krugman，1998；Corsetti，Pesenti and Roubini，1999）。二是政府债务风险向银行风险转化。部分研究认为政府债务增加，银行体系将受到削弱，进而导致银行挤兑和金融危机（Goldfajn and Valdes，1995；Mishkin，1996）。三是银行危机与主权债务危机共存。银行危机发生时往往伴随着主权债务危机，双危机共存时，危害程度更大（Diaz Alejandro，1985）。然而，第一代和第二代金融危机模型对这种双重危机不能给出很好的解释，由此产生了第三代金融危机理论（Krugman，1999；Merton，2001），该理论从金融危机产生的微观基础出发，以资产负债表为研究方法，认为微观经济主体的行为扭曲是导致多重危机发生的根本原因。一些学者（Gray，Merton and Bodie，

2002）进一步引入期权定价理论，提出了一个新的分析管理跨市场风险的框架即或有权益分析法（contingent claims analysis，CCA），并在 2010 年将 CCA 扩展到系统或有权益分析方法（systemic CCA，SCCA）。

（3）系统性金融风险测度的研究。可以分为两个角度，一是从金融机构或银行角度，使用财务数据如网络模型法（Lelyveld and Liedorp，2004；Billio et al.，2010）、矩阵模型法（Jeannette Muller，2003），或者使用资本市场数据如在险价值（CoVaR）方法（Adrian and Brunner，2010；Brunnermeier et al.，2019）、Shapley 值方法（Tarashev et al.，2010）、边际预期损失法 MES（Charya et al.，2010；Brownlees and Engle，2017）、SCCA 方法（Gray and Jobst，2010；Laura et al.，2011）；二是从构建综合指标角度，比较有代表性的如金融压力指数（FSI）法（Illing and Liu，2003；Illing and Liu，2006；Hakkio and Keeton，2009；Hollo et al.，2012）等。

1.2.2 国内研究现状

国内相关研究起步较晚，但近些年发展很快。相关研究成果主要有以下三类。

（1）地方政府债务风险的研究。如从制度层面进行定性分析（刘尚希，2002；宋立，2004；时红秀，2007；郭玉清，2009）；从地方政府债务风险测度角度进行定量分析，如采用负债率或偿债率指标进行测度（李腊生等，2013；赵树宽，2014）、采用 CCA、KMV 模型进行债务违约率测度（刁伟涛，2016；洪源，2018）、从城投债隐性担保角度测度（钟宁桦等，2021）。

（2）关于政府债务风险与系统性金融风险关系的研究。主要包括财政风险与系统性金融风险相互关联的理论分析，如张泉泉（2014）、刘尚希（2006）、谢思全和白艳娟（2013）、马万里等（2020）；关于我国财政赤字与金融风险相关性的实证分析，如周潮（2009）、郭平等（2005）；针对债务杠杆与系统性风险的实证分析（苟文均等，2016）；以及以 DSGE 模型为基础的关于地方政府债务与金融稳定的实证分析（熊琛等，2018；毛锐等，2018）。

（3）系统性金融风险测度的研究。目前国内使用 CoVaR 方法较多

（肖璞等，2012；高国华和潘英丽，2011；刘晓星等，2011；陈忠阳和刘志洋，2013；周天芸等，2014；张雪兰、卢齐阳、鲁臻，2015；刘志洋和宋玉颖，2015；李明辉和黄叶苊，2017），部分学者采用 MES 方法（范小云等，2011；刘春志和范尧熔，2015）、SRISK 方法（方意等，2012；梁琪等，2013），或者 CoVAR 和 MES 的结合（卜林和李政，2015；杨子晖等，2018），或者 CCA 与 DAG 相结合（范晓云等，2013），或者 GE - VaR 与 GE - ES 的结合（宫晓琳等，2019）等多种方法对我国金融机构的系统性风险进行度量评估。此外，在 SCCA 方法应用方面，巴曙松等（2013）借鉴 SCCA 方法并结合极值 Copula 函数，选取了五家上市银行的数据，评估了 2008 ~ 2012 年我国银行业系统性违约风险。李志辉、李源、李政（2016）设计了针对 SCCA 技术关键环节的优化算法。在金融压力指数应用方面，陶玲和朱迎（2016）选取了涵盖银行、房地产、外汇等 7 类市场的 21 个指标构建了月度金融压力指数，清华大学课题组（2019）选取了货币、债券、股票等市场的 13 个指标构建了周度金融压力指数，并且在指标的动态赋权方面很多学者做出了有益的尝试（如陈忠阳等，2016；徐国祥等，2017；孙晓阳等，2019）。

　　总体而言，前人研究存在以下不足：第一，从金融财政联动视角，研究我国地方政府债务与系统性金融风险关联的文献非常少；第二，较少从微观层面建立理论模型来研究我国地方政府债务问题，不利于微观机制的研究和具体政策制定；第三，对我国地方政府债务风险的测度尚未形成一致认识，缺乏全面了解和准确把握；第四，针对我国系统性金融风险的测度，大多数研究主要集中在银行业，样本量较小，不能准确全面地说明我国金融机构系统性风险的情况，在非线性关联性的 SCCA 方法应用以及金融压力指数合成的动态赋权方面也还有值得改进和探索的空间。

1.3　研究内容与研究方法

1.3.1　研究内容

　　本书研究的主要内容包括以下三大部分。

第一部分，地方政府债务对系统性金融风险影响的理论研究。

（1）地方政府债务概述。对地方政府债务的分类及其风险进行了界定，分析了我国地方政府债务的发展历程和现状，从理论上探讨了地方政府债务风险的形成原因，并分析比较了地方政府债务风险的主要评价方法。

（2）系统性金融风险概述。在对系统性金融风险的相关概念进行界定的基础上，从我国系统性金融风险的本质特点入手，分析了我国系统性金融风险的潜在诱发因素，分析比较了系统性金融风险的主要度量方法，为风险的进一步治理和防范奠定理论基础。

（3）地方政府债务影响系统性金融风险的微观机理分析。对地方政府、融资平台和金融机构的关键行为特征进行了刻画，并构建了或有权益资产负债表，进一步分析了微观主体资产负债表内在联系的逻辑机理，并对地方政府债务影响系统性金融风险的传导渠道、异质性特征和空间效应进行了理论分析，提出了研究假设。

第二部分，地方政府债务对系统性金融风险影响的实证研究。

（4）国家层面的实证研究。从国家层面测算了地方政府显性债务规模，运用金融压力指数法测算了系统性金融风险，并选取 2003 年 3 月到 2020 年 12 月的季度数据，运用基本回归分析、MS – VAR 和 TVP – VAR 等方法，从宏观层面实证分析了地方政府债务对系统性金融风险的影响及其动态时变特征。

（5）省级层面的实证研究。从省级层面利用 CCA 模型测算了地方政府债务违约距离，运用金融压力指数法测算了区域金融风险，并选取我国 2011～2019 年 30 个省市自治区的面板数据，运用面板数据计量模型、中介效应模型、动态空间面板模型，从中观层面实证检验了地方政府债务对系统性金融风险影响的传导机制、异质性特征和空间效应。

（6）微观公司层面的实证研究。从微观公司层面以城投债利差作为地方政府债务风险的代理变量，并以 16 家上市银行为样本，运用 SCCA 方法测度其联合违约概率，作为系统性金融风险的衡量指标。通过建立 SCCA – VAR 模型，从微观层面实证检验了地方政府债务对系统性金融风险的影响。

第三部分，政策研究。

（7）基于宏观层面因素的进一步分析。从宏观经济环境、数字金融发展和政策影响三个宏观层面因素进一步展开分析，评估宏观经济以及政府政策变化情形下，地方政府债务对系统性金融风险带来的影响，为经济政策的制定提供进一步的理论和实证支撑。

（8）基于 REITs 的债务风险缓释方案设计。基于地方政府公共产品资产证券化的理念，从不动产投资信托基金（REITs）的视角对债务风险的解决方案进行了设计，论证了发展地方债 REITs 是一项可行的风险缓释对策。

（9）研究结论与政策建议。在前面理论和实证分析的基础上，对全书研究进行了总结，并从债务融资、传导渠道、异质性、空间效应和金融创新赋能五个视角针对性提出了对策建议。

本书的研究框架如图 1－1 所示。

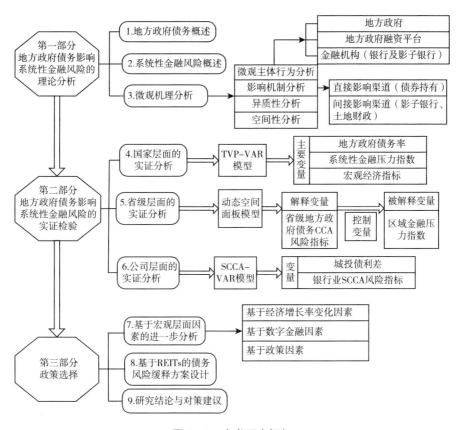

图 1－1　本书研究框架

1.3.2 研究方法

本书以风险管理理论为基础，主要运用了或有权益分析法、比较研究法以及理论与实证研究相结合的方法。

（1）或有权益分析法。通过建立或有权益资产负债表，采用 CCA 系列方法（包括 CCA、SCCA、SCCA – VAR），评估了地方政府债务风险、系统性金融风险以及二者之间的相互影响，增强了实证分析结果的可靠性和预测性。

（2）比较研究法。通过对区域异质性、中介效应、时变系数 TVP – VAR、不同空间权重矩阵下的空间效应以及静态空间杜宾模型与动态空间杜宾模型分析等的比较研究，归纳总结了地方政府债务风险对系统性金融风险影响的主要特征和变动趋势。

（3）理论与实证研究相结合的方法。将地方政府债务对系统性金融风险影响机制的理论分析与影响程度的实证分析相结合，并综合运用 CCA、SCCA – VAR、多元线性回归、MS – VAR 和 TVP – VAR、静态和动态空间面板回归、准自然实验法等多种实证分析法，进一步增强了政策研究的有效性和针对性。

1.4 主要创新点

本书研究的创新之处主要包括以下几个方面。

（1）构建基于主体的微观理论模型，以 CCA（或有权益分析）模型为基础，通过建立典型微观主体 CCA 资产负债表，充分考虑影子银行、金融分权、土地财政等因素，使模型能更好地解释地方政府（包括融资平台）举债行为诱发系统性金融风险的内在机理和风险传导中的放大机制。

（2）已有文献针对系统性金融风险的测度主要从两个角度开展，一是金融机构或银行角度（如 Co – VaR、SES、SCCA 方法），二是构建综合指标角度（如金融压力指数法），两个角度的研究方法均存在一定的改进空间，如非线性关联性的 SCCA 方法的应用以及金融压力指数合成的动态赋权等方面。本书在微观层面的系统性金融风险测度中采用了 SCCA 方法，结合极值 Copula 函数，考虑了违约的尾部风险和非线性相依结构；在全国层面和省级层面的测度中本书采用了金融压力指数法，在权重合成方法上综合运用了 CDF 信用赋权法和动态相关系数法，克服了大多数传统方法或者依赖正态分布假设或者权重不具有明确经济学含义，以及未考虑多个金融市场之间的高度依赖性和时间关联性的缺陷，能更好地反映金融风险的动态变化。

（3）已有文献主要关注地方政府债务与经济增长、产业发展、财政压力等经济变量的关系，对地方政府债务对系统性金融风险的影响研究不足，本书从国家、省级、融资平台公司三个层面，分别采用地方政府（显性）债务率、CCA 风险指标（广义）债务违约距离和城投债利差，量化了地方政府债务对系统性金融风险的影响，检验了影响的传导机制、异质性机制和空间效应，为地方政府债务影响系统性金融风险的机制提供经验证据，丰富了地方政府债务研究的实证文献。

（4）在研究方法上，本书运用兼具时变和随机波动特征的 TVP - VAR 模型，从宏观层面检验了地方政府债务对系统性金融风险的影响，有效识别了二者影响关系随时间变化改变的时变特征。在中观层面，采用空间分析方法和动态空间杜宾模型，构建多样化空间关联模式，从省级层面实证研究了地方政府债务对区域系统性金融风险的影响，并进一步通过调节效应和中介效应模型，在经验上识别了地方政府债务影响系统性金融风险的传导渠道。在微观层面，进一步采用市场化的高频率指标——城投债利差，通过构建 SCCA - VAR 模型，从微观公司（融资平台）层面实证分析了地方政府债务风险对系统性金融风险的影响，从而对宏观和中观层面研究形成有益的补充。

第2章　地方政府债务概述

2.1　地方政府债务的相关概念

2.1.1　地方政府债务

1. 地方政府债务的定义

地方政府债务也叫地方公债,从经济学角度看,是一个存量概念,指在某一时点,地方政府作为债务人,由支出大于收入所形成的赤字总和,包括以法律或合同为基础的显性负债和以具有偿付责任的道义为基础的隐性负债。

各国均有地方政府债务,由于历史和文化的差异,地方政府债务的发行、管理和偿还也具有差异。以美国、日本和欧洲各国为例,美国的地方政府承担一定的事权,具有一定的发债权,由于美国资本市场比较发达,其地方债以市政债券为主,辅以银行借款和融资租赁,但所占比重极小。而日本的地方政府同样承担一定的事权,具有一定的发债权,其地方债主要用于城市基础设施建设,并且日本政府会通过严格的地方政府计划与审批制度来有效规范和精细管理地方政府债务。欧洲的部分国家,由于银行业是金融体系的主体,其地方政府债务的主要资金来源是银行。

根据中国1994年版《中华人民共和国预算法》(简称《预算法》)的规定,我国地方政府没有直接发行地方债券的权利,也不允许存在赤字。但事实上,地方政府仍然利用融资平台公司等多种方式举债,因此,我国地方政府债务除了包括政府举借的债务外，也包括事业单位、融资平台公司等举借的政府性质的债务。

2. 地方政府债务的分类

2015 年 1 月 1 日前，按照审计署 2013 年对政府债务进行审计时的划分，我国地方政府债务划分为以下三类：地方政府直接承担的债务（财政负债或一类债务）、地方政府提供信用担保的债务（或有债务或二类债务）以及地方政府可能承担一定救助责任的债务（或有债务或三类债务），见表 2 - 1。

表 2 - 1　　　　2015 年 1 月 1 日前地方政府债务的分类

地方政府（性）债务	融资主体	偿债资金来源	是否担保	是否公益性
负有偿还责任	地方政府（含政府部门和机构，下同）	财政资金	不考虑	不考虑
	经费补助事业单位			
	公用事业单位			
	政府融资平台公司			
	其他相关单位			
负有担保责任	政府融资平台公司	非财政资金	地方政府提供直接或间接担保	不考虑
	经费补助事业单位			
	公用事业单位			
	其他单位			
	地方政府（含政府部门和机构，下同）	非财政资金	不考虑	不考虑
可能承担一定救助责任	政府融资平台公司	非财政资金	无担保	公益性
	经费补助事业单位			
	公用事业单位			

资料来源：毛捷，徐军伟. 中国地方政府债务问题研究的现实基础——制度变迁、统计方法与重要事实 [J]. 财政研究，2019 (1)：3 - 23.

地方政府直接承担的债务又称"一类债务"，是指地方政府（含政府部门和机构，下同）、经费补助事业单位、公用事业单位、政府融资平台公司和其他相关单位举借，确定由财政资金偿还的债务。一是地方政府债券、国债转贷、外债转贷、农业综合开发借款、其他财政转贷债务中确定由财政资金偿还的债务。[①] 二是政府融资平台公司、政府部门和机构、经费补助事业单位、公用事业单位及其他单位举借、拖欠或以回购（BT）等方式形成的债务中，确定由财政资金（不含车辆通行费、学费等收入）偿还的债务。三是地方政府粮食企业和供销企业政策性挂账。

地方政府提供信用担保的债务是地方政府或有债务的一种，又称"二类债务"，是指因地方政府提供直接或间接担保，债务人无法偿还债务时，政府负有连带偿债责任的债务。一类由政府融资平台公司、经费补助事业单位、公用事业单位和其他单位举借，确定以债务单位事业收入（含学费、住宿费等教育收费收入）、经营收入（含车辆通行费收入）等非财政资金偿还，且地方政府提供直接或间接担保的债务。另一类由地方政府举借，以非财政资金偿还的债务，视同政府担保债务（毛捷等，2019）。

地方政府可能承担一定救助责任的债务，也是地方政府或有债务的一种，又称"三类债务"，是指政府融资平台公司、经费补助事业单位和公用事业单位为公益性项目举借，由非财政资金偿还，且地方政府未提供担保的债务（不含拖欠其他单位和个人的债务）。政府在法律上对该类债务不承担偿债责任，但当债务人出现债务危机时，政府可能需要承担救助责任（毛捷等，2019）。

2015 年 1 月 1 日施行的新预算法[②]规定，政府部门不得通过企事业单位、融资平台公司等举债，2015 年及以后的融资平台公司等新增举债依法不再属于地方政府债务。因此，2015 年新预算法的实施是分水岭，地方政府债务的分类也发生了变化。[③]

新预算法明确地方政府必须以预算约束下自发自还政府债券的方式举债，地方自发自还的政府债券包括两类：一般债券和专项债券。地方政府债券（包括一般债券和专项债券）具有发行规范、用途明确和还债资金有

[①] 全面解读地方政府性债务新政（sohu. com）。

[②] 2014 年 8 月 31 日，第十二届全国人大常委会第十次会议通过了《关于修改〈中华人民共和国预算法〉的决定》，自 2015 年 1 月 1 日起施行，该修订后的《中华人民共和国预算法》常被称为"新预算法"，以区别于 1994 年通过的《中华人民共和国预算法》。本书亦采用"新预算法"这一称谓。

[③] 毛捷，徐军伟. 中国地方政府债务问题研究的现实基础——制度变迁、统计方法与重要事实 [J]. 财政研究，2019（1）：3–23.

保障等优点，成为地方政府筹集资金的主流。由此，地方政府举债的"正门"完全打开，"后门"（通过融资平台公司举债）逐步关闭。但受制于各种客观原因，地方政府举债的"后门"并未关严，一方面，2014 年底经甄别后仍有一部分债务未纳入地方政府存量债务，这部分债务仍有可能由地方政府负有偿还责任或救助责任。另一方面，2015 年及以后新成立的事业单位和融资平台公司仍在开展某些非市场化举债业务，包括地方国有企事业单位替政府举债或由地方政府（或当地财政部门）提供直接、间接担保进行举债，或是地方政府在设立各类产业基金、投资基金以及与社会资本合作（PPP）的过程中承诺保底收益、购买服务等形成的未来实际支出事项债务等，上述债务构成了地方政府的隐性负债。

因此，借鉴毛捷等（2019）的研究，将 2015 年 1 月 1 日后的地方政府债务分成两类：显性债务和隐性债务，显性债务和隐性债务的具体构成见表 2 - 2。

表 2 - 2　　　　　　　　　2015 年 1 月 1 日后地方政府债务的分类

显性债务	一般债务	2015 年后地方政府发行的一般债券（包括新增地方债和置换地方债）
		2014 年底经甄别纳入一般公共预算的负偿还责任的存量债务
	专项债务	2015 年后地方政府发行的专项债券
		2014 年底经甄别纳入政府基金性预算的负偿还责任的存量债务
隐性债务	2015 年后新增的地方政府及国有企事业单位、融资平台违法违规债务（新的或有债务或担保债务）	
	2014 年底经甄别未纳入地方政府存量债务的可能负偿还或救助责任的存量债务（存量或有债务）	

资料来源：毛捷，徐军伟. 中国地方政府债务问题研究的现实基础——制度变迁、统计方法与重要事实 [J]. 财政研究，2019（1）：3 - 23.

2.1.2　地方政府债务风险

尽管对地方政府债务风险的研究已有很多，但对其内涵的界定还没有一个公认的说法。目前国内外对地方债务风险的认识主要有三种观点，第一种是基于一般风险概念的认识，认为风险是偶然事件，具有发生的不确定性（Willett，1901）。因此，地方债务风险是一种对经济发展产生危害的时候才开始被关注的风险，故其属于对未来发生损失的不确定性的一般风险的定义。第二种观点则从财政可持续性角度出发，当政府财政收入可以维持财政支出，政府有能力偿还债务，财政就是可持续的，反之，就存在债务风险（Buiter，1985；Blanchard et al.，1990；Frenkel and Razin，1996）。第三种观点认为地方政府债务风险是由债务扩张的不确定性或自身的缺陷所引发的风险（郭琳和樊丽明，2001），是相对于经济、政府和居民负担的超常规增长（缪小林和伏润民，2012），是地方政府的过度负债行为（黄国桥等，2011），并最终对经济发展产生负面效应（李茂媛，2012）。

综上所述，本书认为地方政府债务风险指地方政府举债超过地方财政能够承受的范围，无法按期偿还债务的本金及利息，进而影响地方政府财政正常运转的可能性。地方政府过度举债、举债项目管理不力从而增加地方财政支出负担以及举债项目未达预期经济效益，使得地方政府债务拖欠等是地方政府债务风险形成的原因。

2.2 我国地方政府债务的发展历程和现状

2.2.1 我国地方政府债务发展历程

新中国成立以后，我国很长一段时间实行计划经济政策，财权高度集中于中央、统收统支，抑制了地方债务的产生。随着我国改革开放的深化，为了鼓励地方根据地方实际情况更好的发展经济，中央逐渐将财权下放到地方，出现了地方债务的雏形。

我国地方政府债务发展的历程大致可以分成三个阶段，分别是形成阶段、增长阶段、高速攀升阶段。

1. 地方政府债务形成阶段（1978～1994 年）

1978 年我国开始实行改革开放发展战略，也开始实行"划分收支，分级包干"的财政管理体制。中央政府的必要开支得到保证，便于宏观层面的统一领导和计划。该体制下，地方政府的权限有所增加。

该阶段的特点表现如下。（1）严控地方政府自行发债。1985 年，国务院颁布了《关于暂不发行地方政府债券的通知》，此后，地方政府债务不存在地方公债形式。（2）地方政府融资平台开始萌芽。1988 年，国务院下发《关于印发投资管理体制近期改革方案的通知》，标志着地方政府融资平台的雏形开始形成。1992 年邓小平同志南方谈话促进了投融资体制的改革，上海城市建设投资开发总公司的成立标志着地方融资平台作为城市建设的重要力量开始出现。1993 年，党的十四届三中全会通过《中共中央关于建立社会主义市场经济体制若干问题的决定》，提出了深化投融资体制改革的主要方向和基本内容。在投融资改革的不断促进下，地方政府的融资平台开始萌芽，沿海发达地区也开始尝试利用融资平台等形式筹资进行城市建设。该阶段地方政府债务的形式由前阶段的地方债券转为融资平台借款等形式，由公开变为隐蔽。

2. 地方政府债务逐步发展阶段（1994 ~ 2007 年）

1994 年开始实施分税制体制，将财权和事权在中央和地方进行划分，也明确了地方政府在城市基础设施建设的责任。但因为财权不断上移而事权不断下移从而导致了地方政府财政收支不均衡，形成中央转移支付资金不能弥补资金缺口，地方政府自行解决的局面。既有地方融资平台债务也有国债资金转贷，地方债务的规模也快速增加。

该阶段的特点表现如下。（1）融资平台陆续成立，债务形式开始多样化。1994 年颁布的《预算法》从法律层面禁止了地方政府发行债券的行为，1997 年亚洲金融危机后，中央开始实施积极的财政政策，在国家开发银行的倡导下，建立市级融资平台来增加地方配套资金。地方政府为解决财政收支缺口扩大的问题，采用了增加税收和收费、寻求上级补贴等，并开始不断拓展新的融资渠道，尝试利用银行贷款、国外贷款、项目融资等方式，但融资平台的融资渠道仍主要局限在银行信贷体系内。（2）中央转贷地方。1998 年，亚洲金融危机爆发，我国政府为了平稳经济，采取了财政部将一部分国债转贷给省级政府的做法。这种做法也使得我国的投资状况保持稳定，抑制了经济过热情况的发生。直到 2003 年我国政府才停止中央转贷地方的债务发行。

3. 地方政府债务高速攀升阶段（2008 ~ 2014 年）

2008 年以后，财政管理体制并没有发生重大变化。但是由于 2008 年金融危机后中央政府实行的"4 万亿"投资计划，促使各地方政府债务激增，短短几年时间债务总规模已达到 20 万亿元。

该阶段的特点表现如下。（1）中央代发地方债。2009 年，中央出台"4 万亿"投资政策，该政策其中包含了 2 000 亿元的代发地方政府债务，即财政部代理地方政府发债。（2）地方政府融资平台迅猛发展。2009 年中央也发布了支持地方融资平台建设的相关文件，这使得地方融资平台得到了迅猛发展，融资额也快速增长。同年国务院决定允许地方政府发债，将该债务列入省级预算管理。各商业银行开始看好融资平台后地方政府强大的信用支撑，开始加大对地方融资平台的支持力度。到 2009 年 5 月，我国地方融资平台个数达到 8 221 家，2009～2011 年这三年中全国人大每年批准的地方政府债务规模达到 2 000 亿元。[①]（3）债务种类更加复杂多样，监管难度增加。由于各地大规模投资，债务规模巨大，债务的形式除了以地方融资平台债务为主外，还存在中央代发地方债、建设－移交模式（BT）、集资、个人借款等形式。债务种类更加复杂多样，债务风险凸显，已经发展到影响地方政府偿还的地步。

4. 地方政府债务转型发展阶段（2015 年至今）

地方政府债务进入规范发展阶段。关于地方政府债务的规范文件相继出台，2014 年 8 月表决通过了《中华人民共和国预算法修正案》，明确了地方政府发行地方政府债务的权利范围。同年 10 月，国务院发布了《关于加强地方政府性债务管理的意见》，这项文件明确剥离融资平台的政府融资职能，并将地方政府债券分类为一般债券和专项债券，分别纳入一般公共预算和政府性基金预算进行额度的限制管理。[②] 到目前为止，地方政府债务风险预警机制和应急机制基本建立，地方政府债务管理绩效考核逐步启动，地方债务比例越来越合理，规范管理、规避化解隐性债务也初见成效。

2.2.2 我国地方政府债务发展现状

1. 地方政府债券发行额

地方政府债券可分为一般债券和专项债券。一般债券是地方政府为了

---

① 资料来源：银监会公开信息。

② 刁伟涛. 新中国地方政府债务 70 年：历程、现状与展望［J］. 财政监督，2019（19）：17－21.

弥补一般公共财政赤字而发行的地方债券，可缓解地方政府临时资金紧张；专项债券是地方政府为了建设某项具体工程而发行的债券。一般债券主要投向没有收益的项目，以地区财政收入作担保；专项债券主要投向有一定收益的项目，以对应的政府性基金或对应的项目收入作担保。

中国地方政府债券信息公开平台数据显示，2019 年全国发行地方政府债券 43 624 亿元，其中一般债券发行额 17 742 亿元，占比 40.67%，专项债券发行额 25 882 亿元，占比 9.33%。地方政府债券平均发行期限10.3 年，其中一般债券 12.1 年，专项债券 9.0 年。地方政府债券平均发行利率 3.47%，其中一般债券 3.53%，专项债券 3.43%。①

图 2 - 1 是 2015 ~ 2019 年全国地方政府债券发行状况。自 2015 年新预算法推出实施以来，地方政府债券发行额定在 2016 年顶峰 60 458 亿元，之后三年都稳定在每年 4.2 万亿元上下。

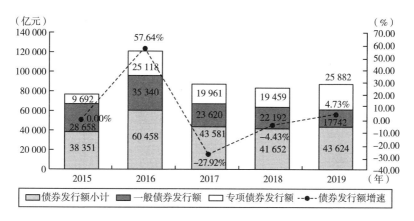

图 2 - 1　2015 ~ 2019 年全国地方政府债券发行状况

数据来源：中国地方政府债券信息公开平台。

2. 地方政府债务规模

经第十三届全国人民代表大会第三次会议审议批准，2020 年全国地方政府债务限额为 288 074.3 亿元，其中一般债务限额 142 889.22 亿元，专项债务限额 145 185.08 亿元。

截至 2020 年 12 月末，全国地方政府债务余额 256 615 亿元，控制在

---

①　中国地方政府债券信息公开平台，www.celma.org.cn/dfzfxjh/52265.jhtml。

全国人大批准的限额之内。其中，一般债务 127 395 亿元，专项债务 129 220 亿元；政府债券 254 864 亿元，非政府债券形式存量政府债务 1751 亿元。地方政府债券剩余平均年限 6.9 年，其中一般债券 6.3 年，专项债券 7.5 年；平均利率 3.51%，其中一般债券 3.51%，专项债券 3.50%。[①]

图 2 - 2 显示，2010～2020 年，我国地方政府债务的整体规模是在逐年扩张的，虽然在 2015 年有一定程度的下降，但是其他年份都表现出正增长趋势。从债务规模增长率来看，呈现出先下降后上升的趋势，2014～2016 年债务余额增速下降，低于平均增速，这是由于 2015 年新预算法开始实施，控制了地方政府债务余额增长的速度。2020 年，增长率回升到了 20.42%。我国地方政府债务的扩张可能蕴含着一定风险，政府部门需要加以监控，降低风险积聚的可能性。

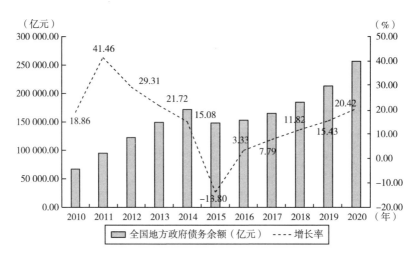

图 2 - 2 2010～2020 年全国地方政府债务余额及增长率

数据来源：国家统计局、Wind、Csmar、地方政府债券信息公开平台。

3. 地方政府债务结构（按债务类型划分）

2015～2020 年地方政府债务中的一般债务和专项债务都有上升趋势（见图 2 - 3），其中一般债务增速稳定，专项债务在 2015～2017 年增速较慢，2018～2020 年增明显上升。前者在全部债务中所占比例逐年下降，后

———————

① 资料来源：财政部地方政府债券信息公开平台。

者比例逐年上升，在 2020 年两者比例基本持平，专项债务在全国地方政府债务中的占比首次超过了一般债务。

专项债务增速不稳定前期主要是受到地方债务置换压力偏大、各省市专项债限额分配较晚、缺乏可立项的具备收益的储备项目用于发债、地方政府债务风险监管趋紧等因素的影响。自 2017 年起，财政部便发文鼓励各地方政府积极发展项目收益专项债。

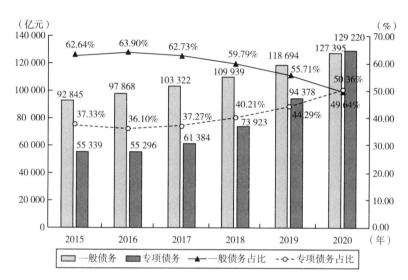

图 2 - 3　2015～2020 年全国地方政府债务结构（按债务类型划分）

数据来源：财政部。

4. 地方政府债务结构（按债务形式划分）

2015 年新预算法实施以来，地方政府债务余额中地方政府债券的比例迅速上升，其他形式政府债务比例急速下降，2015 年的比例接近 1∶2，仅用三年就上升为地方政府债务数量的绝对主体部分，说明地方政府债务"开前门，堵后门"的规范化政策实施颇有成效（见图 2 - 4）。

5. 各省份债务余额及债务指标情况

图 2 - 5 列出了 2019 年 31 个省地方政府债务余额、负债率以及债务率。从图中可以直观了解各省份地方政府债务的发展状况。

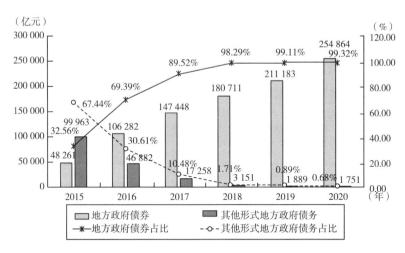

图 2 - 4　2015 ～ 2020 年全国地方政府债务结构（按债务形式划分）

数据来源：财政部。

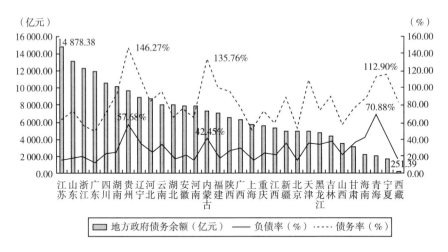

图 2 - 5　2019 年各省地方政府债务余额及债务指标情况

数据来源：国家统计局、Wind、Csmar。

　　首先，各省债务整体规模存在很大差异，2019 年，债务余额最多的省份是江苏省，其数额达到了 1.49 万亿元，占全国总规模的 7% 左右。而西藏的地方债务余额为 251.39 亿元，仅为江苏省的 1.7%，说明我国各个省份的债务规模差异较大。

其次，根据重点债务指标，即负债率和债务率。2019 年贵州省的债务率为 146.27%，在 31 个省中排名第一，该值超过了 100% 的国际标准，且同年该省份的负债率数值为 57.68%，仅次于青海省 70.88% 的负债率。贵州省政府债务的整体规模也排在前七的水平，说明贵州省的地方政府债务存在一定程度风险，需要当地政府给予关注。此外，内蒙古和青海两地的债务率和负债率都在较高的水平，这两地的债务风险水平也值得关注。

图 2 - 5 中可以直观了解到不同地区地方政府债务的发展水平差异，虽然 2019 年我国整体的债务率和负债率都在国际评价的安全警戒线内，但分别关注每个省的情况，个别省份的风险水平超过了国际标准，需要引起中央和地方相关监管部门的注意，制定出与该地情况相适应的政策制度。

2.3 我国地方政府债务风险的形成原因

地方政府债务是一种普遍现象，在很多国家政府都允许地方政府举债。适度的地方政府债务有助于经济的发展和国家的建设，过度的地方政府债务则将导致债务风险，无疑会对财政安全和金融安全造成威胁。针对我国地方政府债务风险的形成原因，主要有以下几种观点。

2.3.1 基于财政体制视角的认识

从财政体制的角度来看地方债务的形成机理，中外学者有不同的观点。国外学者认为居民征税和借债两者之间是具有替代性的，在税收减少的前提下地方政府不得不举借债务（Green，1993）。由于政府收入和支出的多少是由预算条例决定，所以地方债务风险形成的最终原因是预算软约束导致的支出膨胀（Krol，1997）。国内学者则认为，地方政府债务增加源于积极的财政政策导致地方支出压力过大，以及分税制改革带来的地方政府财权与事权的不对等（呼显岗，2014），地方政府借债的原因是落实中央政府出台的各项民生政策（蔡玉，2011）或者在经济分权和赶超战略的驱动下，地方政府自主发挥资源配置功能与预算财力不匹配（安春明，2009）。

我国地方政府债务风险主要来自分税制财政体制，财政分权导致地方政府的财权与事权不对称，一方面地方财政收入占全国财政总收入比重在下降，另一方面地方政府的支出责任在增加，常规财政收入不足以应对支出，面对日益增加的融资负债，地方政府由于资金不足而不能按时归还借款，从而导致了大量的债务预期和债务违约事件的发生。而当地方政府债务积累到一定程度时，就会倒逼上级政府加大转移支付或者进行债务兜底，如此便形成了债务风险由下至上的纵向传导的特点，最终中央政府成为地方政府债务的买单人，中央政府实际上为地方政府提供了隐性担保，这又会进一步助长地方政府的举债冲动，加大地方政府债务风险。

2.3.2　基于政府行为视角的认识

从政府行为的角度来说，地方债务形成的原因主要是信息不对称，地方政府在追求利益最大化的情况下使得债务规模膨胀。对此，中外学者有如下观点。

国外有学者认为发达国家和发展中国家都存在地方政府拥有大量负债赤字，最终解决方法都是中央政府通过加大转移支付力度或者提供特别救助的方式帮助地方政府免除部分或全部债务（Rodden，2002）。地方政府过度举债的原因在于中央政府为地方政府举债实施救助和成本分担，实际对地方政府举债行为形成了事前激励（Akai and Sato，2009）。国内学者类承曜（2011）认为政府作为公民的委托代理机构，地方政府不得不通过提高相应的经济指标来表现经济增长情况。委托代理关系的不一致使得地方政府作为代理人只顾地方政府利益最大化而忽略了公众利益最大化（唐云峰，2006）。部分地方政府官员通过债务融资方式发展当地经济，以达到增加政绩的目的（黄国桥和徐永胜，2011）。

由于代理人和委托人信息的不对称以及目标、利益的不一致。地方政府作为"经济人"会为了完成上级的任务和增加政绩的目的，不顾地方经济的承受能力和实际需要，以较高的利率发行债券。我国地方政府普遍具有投资冲动，而且决策主体、偿还主体和责任主体并不统一，这就会形成很多低效甚至是无效的投资。而单纯依靠投资项目本身获得的收益去偿债是远远不够的，如果地方政府投资于基础设施建设的项目并没有收到预期的或是较好的效益，不仅会对地方经济的促进和发展产生不利影响，也会加重地方政府再筹措资金的难度和偿还债务的压力，进而引发地方债务风险。

2.3.3　基于利益相关者视角的认识

部分学者基于利益相关者视角指出地方政府项目收益难以确定，这是由于地方政府面临的利益相关者类型及环境复杂，很难取得政府财政改革与绩效上升之间的显著证据（Carlin，2002）。地方政府财政透明度与利益相关者之间的信任关系是复杂的，单纯强调财政透明度也许会损伤利益相关者的信任程度（ONeill，2009）。张埼（2011）指出应以政府与利益相关者多重关系为切入点展开地方政府财政制度研究，以政府利益相关者的需求为视角，才能以较低成本提升政府财政改革效果。蔡小慎、牟春雪（2015）认为政府行政制度改革涉及五大利益相关主体，在各利益相关主体博弈过程中，各种环境制度制约因素影响着他们的行动策略和合作态度，最终影响改革制度进程，建议各利益相关主体找准角色定位、营造环境及参与共同治理，才能有效推进政府制度改革。

在我国，与地方政府债务的利益相关者主要有以下三个主体：地方政府、地方政府债务融资平台以及银行。地方政府债务利益相关者的行为对地方政府债务风险的范围和程度存在较大的影响。

地方政府方面，长期的财政缺口若是再加上盲目或者是重复进行不必要的地方建设，债务规模会迅速增加。

地方政府融资平台有来自地方政府的补贴，该补贴构成为融资平台的利润最初来源。不仅如此，地方政府融资平台受地方政府的干预较多，地方政府以自身信用和资金、资产、资源等对其进行信用担保，会导致地方政府对地方政府融资平台的"隐性担保"最终传递到地方政府债务风险上。所以一旦地方政府融资平台的债务规模扩大到一定程度，就会形成地方政府融资平台债务风险，并向外传递，进而引发地方债务风险。

银行方面，银行贷款是地方债务资金的主要来源。作为融资工具，地方政府融资平台的重点是从银行等金融机构融资，以直接或通过子公司进行项目建设投资。债权债务主体信息不对称问题的存在，使得银行会盲目贷款给地方政府融资平台，如果投资项目出现严重亏损而造成地方政府融资平台无法收回成本或者无法获得预期收益，就会积累为地方政府融资平台债务。这不仅可能会导致银行自身坏账增加，也会使地方政府债务风险加大。

2.4　地方政府债务风险评价方法

2.4.1　综合债务指标分析方法

综合债务指标分析法是指从财务角度综合运用几种财务指标分析地方政府债务风险的一种方法。由于该分析方法的数据来源主要是地方政府在某一时点的公开数据，故只能分析该时点地方政府债务风险的情况，不具有动态分析的功能。根据各国管理地方政府债务的经验，综合债务指标分析法中包含的主要指标有债务率、负债率、偿债率、资产负债率、担保债务比重等，每种指标的警戒线都不尽相同。其中前四项为对地方政府显性债务的衡量，而最后一项则是对地方政府或有隐性债务的衡量（见表2-3）。

1. 债务率

债务率的计算方法为地方政府当年债务余额占当年地方财政收入的比重。该指标主要反映地方政府采用当期财政收入以满足偿债需求的能力。债务率各国规定不尽相同，但多数在100%上下。美国规定地方政府债务率范围为90%~120%，新西兰规定地方政府债务率应小于150%，哥伦比亚规定地方政府债务率不得超过80%。我国将债务率作为评估地方政府中长期债务的可持续性，要求不得超过80%。

2. 负债率

负债率的计算方法为地方政府当年债务余额占当年地方政府生产总值的比重，是国际上公认的政府债务警戒线指标。该指标主要反映地方经济总规模对政府债务的承载能力、风险程度，以及地方经济增长对政府举债的依赖程度。国外实践经验看，美国将州政府的负债率的警戒线限定在13%~16%，加拿大则规定地方政府的负债率不得超过25%。我国将负债率作为评估地方政府债务总体情况的指标，若该指标超过30%，说明地方经济增长对政府举债依赖过高，地方政府所面临的地方政府债务风险总体偏高。

3. 偿债率

偿债率的计算方法为地方政府当年债务还本付息额占地方政府当年财政收入的比重。该指标反映地方政府当年财政收入中用于偿还债务本金和利息的程度。波兰规定地方政府年度偿债额与担保债务额之和不得超过当年税收收入的15%，巴西规定地方政府偿债率不得小于13%。

4. 资产负债率

资产负债率的计算方法为地方政府的负债总额占其资产总额的比重。该指标反映地方政府的资产负债结构是否合理。从实际情况看，真实且完整地核算地方政府的资产额是存在着较大的困难的，所以只有实行权责发生制的国家在控制地方政府债务时会选用该指标。美国规定州政府该指标不得超过8%，新西兰政府则规定不得超过10%。

5. 担保债务比重

担保债务比重的计算方法为地方政府当年担保债务余额/当年地方财政收入。该指标反映地方政府的担保风险大小。巴西规定该指标必须低于22%。我国将担保债务比重作为地方政府或有负债风险的衡量标准，规定该指标不得超过80%。

表 2-3　　　　　　　　我国地方政府债务风险评价指标

指标	定义	评价内容	警戒线（%）
债务率	地方债务余额/地方财政收入	中长期债务可持续性	80
负债率	地方债务余额/地方生产总值	经济增长对债务依赖度	30
偿债率	地方债务还本付息额/地方财政收入	偿债能力	
资产负债率	地方负债总额/资产总额	资产负债结构	
担保债务比重	地方担保债务余额/地方财政收入	或有负债风险	80

2.4.2　或有权益分析方法（CCA）

或有权益分析（contingent claims analysis，CCA）方法的理论基础是

期权定价理论（Black & Scholes，1973；Merton，1974）及其在企业风险权益定价中的应用。在传统资产负债表研究方法中引入期权定价理论，由此形成了一个新的分析管理风险的框架即 CCA 方法（Gray，Merton & Bodie，2002）。传统资产负债表方法的资产项、负债项和权益项只能够体现账面价值的改变，而没有考虑到资产价值的波动性。当资产价值下跌到不足以偿付债务的账面价值之时，违约已经发生，反映到资产负债表上为时已晚。而 CCA 方法综合了财务报表数据和具有前瞻性（forward-looking）特征的股票市场数据，可以将市场信息和风险信息及时反映到资产负债表中，克服了传统资产负债表方法的缺陷。

图 2-6 展示了 CCA 基本原理：资产价值在时域上随机波动，其在时间 T 的不确定性体现为 T 时资产价值的一个概率分布。而该分布的均值即资产价值的预期收益率（或漂移率）μ_A；σ_A 为资产收益率的标准差。其中实线表示实际概率测度下的违约特征，虚线表示风险中性测度下的违约特征。

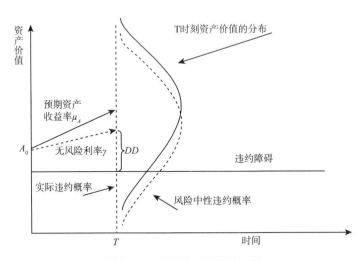

图 2-6　资产价值和违约概率

令 A_t 为资产在 t 时期的价值，资产价值的波动遵循几何布朗运动过程如下：

$$dA/A = \mu_A dt + \sigma_A \varepsilon \sqrt{t}$$

债务承诺偿付额 B 即财务危机临界点或违约障碍 DB（distress barrier），当期末资产价值不足以偿付到期债务时，即资产收益率取值较大，偏离漂移率以至低于 B 时，财务危机乃至违约状况便相应发生。

违约概率 PD（probability of default）是 $A_t \leq B$ 的概率，即 t 时期预期的实际违约概率：

$$PD = Prob(A_t \leq B) = Prob\{A_0 \exp[(\mu_A - \sigma_A^2/2)t + \sigma_A \varepsilon \sqrt{t}] \leq B_t\}$$
$$= Prob(\varepsilon \leq -d_{2,u})$$

由于 $\varepsilon \in N(0,1)$，实际违约概率 PD 就是 $N(-d_{2,u})$，其中

$$d_{2,u} = \frac{\ln(A_0/B) + (\mu_A - \sigma_A^2/2)t}{\sigma_A \sqrt{t}}$$

其中，$d_{2,u}$ 是实际概率测度下的违约距离 DD_μ（distance to default），通常用无风险利率 r 代替 μ_A 来估计风险中性条件下的违约距离 DD，$DD = d_2$

$$d_2 = \frac{\ln(A_0/B) + (r - \sigma_A^2/2)t}{\sigma_A \sqrt{t}}$$

其中，r 为无风险收益率。而 $N(-d_2)$ 即为风险中性违约概率。

隐含资产价值 A 及其波动率 σ_A 不能直接观测，但可以通过 CCA 方法计算出来。

我们知道股权价值 E 和股权价值的波动率 σ_E，由股权定价模型中的看涨期权定价可知：

$$E = AN(d_1) - B\exp(-r \cdot t)N(d_2) \qquad (2-1)$$

股权价值和股权价值的波动性与隐含资产价值和隐含资产波动率具有如下关系：

$$E\sigma_E = A\sigma_A N(d_1) \qquad (2-2)$$

其中，$d_1 = d_2 + \sigma_A \sqrt{t}$，$d_1$、$d_2$ 由 A 和 σ_A 决定，故可以通过式（2-1）和式（2-2），用 Newton-Raphson 迭代方法，求出隐含资产价值 A 和 σ_A，进而可以得到违约概率 PD、违约距离 DD。

第3章　系统性金融风险概述

3.1　系统性金融风险的定义及相关概念

3.1.1　系统性金融风险的定义

系统性金融风险存在多种表述，并无统一的定义。系统性金融风险是一系列机构或市场组成的金融系统中，由于某个事件引起连锁反应并导致连续损失事件，进而导致整个系统产生较大累积损失的可能性（Kaufman，1996）。系统性金融风险是引起金融系统重要构成部分信心丧失或经济价值损失的事件发生时产生的风险，随着不确定性上升可能会对实体经济造成巨大破坏（Group of Ten，2001）。此类风险事件可能是无法预期的，或发生概率在没有妥当应对措施时会不断增加。全球金融稳定理事会（FSB，2009）、国际保险监督官协会（IAIS，2009）认为，系统性金融风险是由于金融系统部分或者整体损害造成的金融服务的中断，并给金融系统和实体经济造成巨大损失。国际清算银行（BIS，2010）则将系统性金融风险定义为，金融系统的任一成员因为无法履行契约义务，导致系统成员产生一连串负面反应，并最终导致整个金融系统陷入困境的一种危机。我国财政部财政科学研究所课题组（2006）认为，系统性金融风险关键不在于如何定义或者界定，而是在于研究的角度。若系统性金融风险承受主体是整个国家，则属于宏观金融风险范畴，政府承担主要责任；若系统性金融风险承受主体是金融机构等个体，则属于微观金融风险范畴。①

　　对系统性金融风险的定义进行梳理总结可以发现，大部分定义均包含了以下三点要素：一是事件原因，一些定义认为风险须有一定的原因才能称为系统性的，原因一般与金融服务部门相关；二是风险事件，系统性金融风险必然伴随着某个风险事件的发生，这个事件可能是金融服务的中断、金融机构的违约或者经济冲击；三是风险事件的影响，大部分定义都包括风险事件发生后的影响，通常为对实体经济的负面影响。以2008年金融危机为例，此次系统性金融风险中，事件原因是房地产市场泡沫和不当的金融政策，风险事件为房价下降导致的次级抵押贷款违约或信贷服务中断，该事件的影响为金融机构间的传染性和关联性使得其他金融机构也受到损害，最终对实体经济带来巨大负面影响。可见，系统性金融风险往往具有脆弱性、负外部性、内生性和传染性等特点。

　　根据上述分析，系统性风险还可以表示为式（3-1）。其中，A为事件原因，B为风险事件，C为事件影响。A、B、C事件也可以看作有不同决定因素的函数。若A、B、C分别以金融系统的损害、金融服务的中断、对实体经济的负面影响为例（FSB，2009），系统性风险可以用图3-1表示，其中，ε_A、ε_B、ε_C分别指影响事件A、B、C发生概率的其他所有因素，如自然灾害等。

$$SystemicRisk = P(C \mid B) \cdot P(B \mid A) \cdot P(A) \qquad (3-1)$$

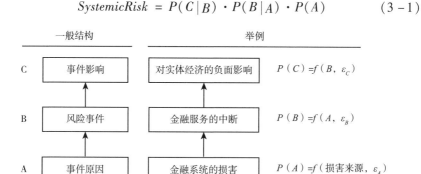

图3-1　系统性风险构成要素

① 财政部财政科学研究所课题组. 防范宏观金融风险的财政对策［J］. 经济研究参考，2006（27）：2-31.

3.1.2　系统性金融风险的相关概念

1. 系统风险

系统风险（systematic risk），又称不可分散风险或市场风险，主要强调风险的总体特征，指不能通过多样化投资进行分散的风险，是由某种全局性因素引起的投资收益普遍下降的可能性，如经济周期波动、自然灾害等。而系统性风险主要关注风险的非总体性和传染性，并且可以通过一定方法进行监管和约束。

2. 金融脆弱性

狭义的金融脆弱性是指金融业的高负债经营等特性引起的结果，是金融业的内在本质（Minsky，1982）。黄金老（2001）认为广义的金融脆弱性是一种高风险的金融状态，包括整个融资领域的风险积聚。与系统性风险相比，金融脆弱性是金融体系的本质特性，系统性风险一定会增加金融脆弱性，但反之关系不成立。此外，金融脆弱性不仅包括系统性风险关注的潜在损失，还包括已经发生的损失。

3. 系统性重要金融机构

系统性重要金融机构（SIFIs）由 FSB 提出并得以广泛运用，是指规模过大、结构过于复杂、系统性关联的金融机构，其无序倒闭将给金融系统和实体经济带来严重的负外部性。系统性重要金融机构是由"大而不能倒"和"联系紧密而不能倒"的金融机构发展而来，根据其发生风险时的影响范围，还可分为全球系统性重要金融机构（G－SIFIs）和国内系统性重要金融机构（D－SIFIs）。

4. 区域性金融风险

区域性金融风险是系统性金融风险在区域层面的一种表现形式，一旦区域性金融风险突破可控的区域边界，形成跨区域传染时，会严重影响国家金融安全与稳定。王擎等（2018）认为区域金融风险是介于宏观系统性金融风险和微观个体金融机构风险之间的中观风险。从风险的本质上看，它更接近于系统性金融风险，是在某个经济区域内的系统风险，可以由部分机构的微观金融风险传播、扩散形成，或者由其他区域向本区域传播引起的关联性金融风险，再或者是由系统性风险在本区域内传播引起。区域性金融风险具有区域性的典型特征，同时也具有系统性风险的共性：脆弱性、负外部性和传染性。

3.2　我国系统性金融风险的潜在诱发因素

3.2.1　国内外宏观经济变化产生的负面冲击

系统性金融风险与内外部宏观经济环境密切相关，通常具有顺周期性。经济上升期，系统性金融风险因素开始累积，刺激经济进一步高涨；经济下行期，系统性金融风险爆发，加剧经济进一步衰退。近年来，国内外宏观经济环境的负面冲击，有可能成为我国系统性金融风险爆发的潜在诱发因素。

1. 国内经济下行压力的影响

2012 年以来，我国经济发展进入新常态，处在一个经济增长速度换挡期、结构调整阵痛期、前期刺激政策消化期"三期叠加"的特殊阶段。近年来经济增速一直延续下行态势，过去 8% 以上甚至两位数的 GDP 增长速度已经难以为继，增长速度从 2011 年的 9.6% 下降到 2020 年的 6.5% 以下。随着 GDP 增长率持续下降，过去被高速增长掩盖的风险开始显露，传统产能过剩，金融脱实向虚，银行不良贷款上升，地方政府债务风险加剧等，此类风险不断对金融体系构成冲击，加剧了系统性金融风险爆发的可能性。

2. 外部风险溢出的增大

近年来，全球经济政治不稳定因素上升，疫情蔓延、局部地区政治冲突恶化、贸易摩擦加剧等导致全球经济增长乏力，国际市场风险外溢加大。2018 年，受中美贸易摩擦冲击，上证指数大幅下跌，创下了 5 年来的新低。美国在国内继续实施减税等财政刺激措施，导致人民币贬值压力增大。同时全球产业链和供应链的结构调整，对我国未来的投资和出口带来一定的负面影响。国际环境和政策变化的风险溢出效应显著上升，进一步加剧了我国经济下行压力，在客观上增加了我国金融市场遭受外部风险冲击的可能性。

3.2.2 区域性金融风险向系统性金融风险演化的可能

根据我国当前经济形势，系统性金融风险存在由区域性金融风险演变的可能，主要表现在以下三个方面。

1. 地方政府债务风险

截止到 2020 年底，我国地方政府显性债务总余额为 25.66 万亿元，平均地方政府债务率（债务余额/综合财力）高达 96.9%。[①] 尤其是地方债余额集中在少数省份，部分省份地方政府债务风险已经远超出警戒线，2019 年贵州省的债务率为 146.27%，在 31 个省份中排名第一，该值超过了 100% 的国际标准，其负债率也达到 57.68%，仅次于青海省 70.88% 的负债率。[②] 内蒙古和青海两地的债务率和负债率都在较高的水平，部分欠发达省份面临较大的偿债压力。同时，部分地区地方政府隐性债务余额也在不断扩大，并且更加隐秘化。这些地方债问题很可能一触即发，形成区域性金融风险，进而增加系统性金融风险隐患。

2. 房地产金融风险

我国房地产市场投机性突出，呈现出较强的金融属性，很多居民买房并不是为了居住，而是为了投机，这种投机推动房地产价格不断上涨。从房价收入比看，一线城市房价收入比高达 20 以上，远高于世界银行公布的警戒线。从房地产贷款与 GDP 之比看，2010 年，我国房地产贷款与 GDP 之比仅为 15.9%，2020 年达到了 40.1%，[③] 增长了 3 倍左右；从房价涨速看，2021 年前四个月，我国一手房、二手房房价环比上涨的城市数量达到 90%；同比看，银川一手新建商品住宅房价格上涨了 13.7%，广州、深圳二手新建商品住房价格上涨了 12.9%。[④] 一方面，一线城市和热点二线城市供需偏紧房价持续攀升，另一方面，部分二线城市和绝大部分三四线城市面临较大的去库存压力。房地产的高度金融化和区域分化态

---

①② 资料来源：财政部地方政府债券信息公开平台。

③ 空前警告！房地产泡沫大，很危险 [EB/OL]. http://opinion.jrj.com.cn/2021/04/0118 0932264155. shtml.

④ 谢逸枫. 超 9 成上涨！重庆房价首次领涨全国 70 城房价已连涨六年 [EB/OL]. https://news.szhome.com/363325.html.

势，导致部分区域的金融风险隐患大幅上升，增大了系统性金融风险压力。

3. 影子银行风险

2006 年，我国影子银行的规模仅为 8.10 万亿元，到 2019 年年末，中国影子银行整体规模增长到了 79.51 万亿元，[①] 巨大规模背后蕴含的风险不容忽视。2003 ~ 2019 年，增长率表现出先增加后降低的趋势，尤其是在 2009 年，影子银行同比增长率高达 36.27%；2012 以后，我国影子银行规模增长速度基本维持在 10% ~ 15%，呈现出稳定增长，高于 GDP 增长速度。此外，影子规模占 GDP 的比重在 2019 年高达 81%，说明影子银行对于我国经济增长起到了不容忽视的作用。一方面，影子银行业务提供了广泛的融资渠道，帮助我国中小企业解决了融资困难的困境；另一方面，影子银行具有难以受到监管、高杠杆、期限错配等特点，容易引发金融体系脆弱性，其所造成的风险不可小觑。

3.2.3　微观经济主体债务风险的累积

历史经验表明，微观经济主体的债务风险通常与系统性金融风险相伴而生。除了少数几年有所下降外，我国居民、企业、政府和金融部门的债务风险在整体的趋势是向上的，而且增长速度较快。2020 年相比 2019 年上升了 23.6 个百分点，达到 270.1%，[②] 并且我国各部门的杠杆率都处于高位，高杠杆会加剧金融脆弱性，加大系统性金融风险隐患。

1. 居民杠杆率

从居民部门来看，我国居民家庭的债务压力不断攀升。一方面，居民住房贷款不断攀升；另一方面，大额透支造成个人过度负债。2020 年的居民杠杆率（家庭债务/GDP）达到 62.2%，超过了国际平均水平，是 2000 年的 12 倍、2008 年的 3.5 倍。[③] 居民杠杆水平过高，可能引发流动性风险，对以银行为代表的金融体系产生冲击，银行出现大面积坏账的风险上升，并且随着居民债务链条不断延伸，金融风险不断累积和扩散，将

---

① 根据本书测算，全国 2019 年的影子银行规模达到了 79.51 万亿，与银保监会测算的 84.80 万亿元相近，具体的计算方法将在本书第 5 章列出。
②③ 资料来源：Wind 数据库。

进一步危及金融系统的稳定。

2. 非金融企业杠杆率

从非金融企业来看，在我国当前经济下行的大背景下，企业利润不断收紧，为保证资金的正常周转，被迫举借更多的债务，使我国非金融企业金融杠杆水平不断攀升。非金融部门杠杆率从 2003 年末的 100.2% 上升至 2020 年的 162.3%，① 远超过政府部门和居民部门的杠杆。尤其在非金融企业债务中，国有企业负债约占 75%，② 相比私营企业，我国大型国有企业在实体经济中具有重要地位，如果面临信用违约的风险，对整个市场的信心会产生极大的影响，其带来的风险问题不容小觑。

3. 政府杠杆率

我国政府部门杠杆率高主要集中在地方政府，根据 Wind 数据库，2003 年至今，我国中央政府的杠杆率均在 20% 以下，长期保持较低水平。而地方政府杠杆率（地方政府债务总额/GDP）不断攀升，从 2003 年的 6.9% 上升至 2020 年末的 25.3%，债务规模的年均增速为 22%。地方政府的资金主要来源于发行地方政府债券和向金融机构借款，资金投向大部分用来建设基础公共类的设施，建设周期长，收益低，存在债务与资金期限错配的问题。倘若债务不断堆积，一旦出现偿还困难，金融机构的不良贷款就会大量出现，债务风险将会很容易传导给金融机构，使系统性金融风险不断累积和扩散。

4. 金融部门杠杆率

从宏观层面，金融部门杠杆率一般采用"债务总额/GDP"这一指标来度量，根据 Wind 数据，我国金融部门杠杆率从 2003 年 26.7% 到 2016 年末达到 77.9%。2016 年末，金融机构部门总债务为 273 万亿元，是 2002 年的 12 倍。在负债杠杆作用下，总资产扩张更为迅猛，我国银行业的总体风险水平也从 2012 年之后不断提高，资本缺口从 2012 年的 0.5 万亿元增加到了 2019 年的 3.8 万亿元，增长了约 7 倍。

此外，我国银行业的不良贷款也有上升趋势，2020 年末不良贷款余

① 资料来源：Wind 数据库。
② 资料来源：中国社会科学院发布的信息。

额达到了 2.7 万亿元，相比 2015 年增幅达到了 113%。^① 自 2016 年第三季度以来，央行收紧货币政策、加强金融监管，金融去杠杆产生了一定的效果，2021 年第一季度回落到 52.8%。

金融机构部门整体上是负债经营的部门，且其资产结构中，非金融资产占比极小，其持有的金融资产占比超过全社会的一半。金融机构部门是经济中枢部门，并且往往高杠杆金融机构之间持有相互关联的投资组合，如果某家金融机构的资产恶化，其他金融机构的杠杆约束也会恶化，从而引起资产的抛售，最后引发联动现象，导致信贷紧缩和流动性不足，从而易引发金融危机。

3.3　系统性金融风险主要度量方法

大多数文献对系统性金融风险的测度主要分两个角度：一是从金融机构或银行角度，使用银行之间的风险敞口数据测度（如网络模型法、矩阵模型法），或者使用资本市场数据测度方法，如或有权益 CCA/SCCA 方法、条件在险价值（CoVaR）法、边际预期损失（MES）法；二是从整个金融系统角度，涵盖多个金融市场和金融机构，构建压力指数，如金融压力指数（FSI）法。下面依次对使用较为广泛的几种方法进行概述。

3.3.1　网络模型法

网络模型法基于金融机构间的债权债务关系建立网络并进行算法循环，利用模拟法分析单个金融机构违约的传染效应，通过计算感染的金融机构数量对系统性风险的大小进行度量。如在 N 家金融机构组成的网络中，金融机构资产负债表标准化后可以表示为式（3-2）。

$$\sum_j x_{ji} + a_i = k_i + b_i + d_i + \sum_j x_{ij} \qquad (3-2)$$

①　银保监会详细披露 6 年来银行业不良贷款情况［EB/OL］. https：// new. qq. com/omn/2021 0316/20210316A0410E00. html.

其中，x_{ji} 是金融机构 i 对金融机构 j 的贷款，a_i 是金融机构 i 的其他资产，k_i 是金融机构 i 的资本，b_i 是非银行间贷款，d_i 是存款，x_{ij} 是金融机构 i 对金融机构 j 的借款。假设违约损失率为 λ 且资本能够吸收一定损失，当金融机构 h 发生违约时，金融机构 i 的资产负债表将变为式（3 – 3）。当金融机构 i 的资本小于违约损失 h 时破产，即 $k_i < \lambda x_{hi}$ 时，据此可以计算得到金融机构 i 的违约概率和金融机构违约数量等指标，并对系统性风险进行测度。

$$\sum_j x_{ji} - \lambda x_{hi} + a_i = (k_i - \lambda x_{hi}) + b_i + d_i + \sum_j x_{ij} \qquad (3-3)$$

网络模型法具有能够识别系统性重要金融机构、可视化风险传染性等优势，但财务数据滞后性、对间接传染渠道的低估、金融机构保持静态的假定、准确风险敞口矩阵可获得性较低等缺陷影响了网络模型法的准确性和实用性。

3.3.2 条件在险价值法（CoVaR）

条件在险价值（conditional value – at – risk，CoVaR）是指当某一金融机构达到最大损失水平时，其他金融机构和整个金融系统的最大可能损失，该方法可以衡量单家金融机构的风险贡献度。根据定义，q 分位数水平下，金融机构 i 损失为 VaR_q^i 时，金融机构 j 的条件在险价值水平为 $CoVaR_q^{j|i}$，即式（3 – 4），金融机构 i 对金融机构 j 的边际贡献为式（3 – 5），其中 X 为金融机构的收益率。

$$p(X^j \leqslant CoVaR_q^{j|i}|X^i = VaR_q^i) = q \qquad (3-4)$$
$$\Delta CoVaR_q^{j|i} = CoVaR_q^{j|i} - VaR_q^j \qquad (3-5)$$

同理，当金融机构 i 发生危机并处于一定置信水平下的最大损失时，其对金融系统性风险的边际贡献为金融体系的条件在险价值和在险价值的差，可用式（3 – 6）表示。

$$\Delta CoVaR_q^{system|i} = CoVaR_q^{system|i} - VaR_q^{system} \qquad (3-6)$$

CoVaR 是一种"自下而上"的方法，即以单家金融机构损失为基础来计量整个金融体系的系统性风险。CoVaR 改进了 VaR 方法不能衡量金融机构间相互影响的缺点，还能测度单家金融机构对其他金融机构和整个金融系统的边际风险贡献，帮助识别系统中的重要金融机构。但该模型一是只分析了损失分布的 α 分位数，无法有效捕捉 CoVaR 门限值以下极端情况时的尾部风险，二是通过对单家金融机构的风险贡献进行加总来衡量系统性风险，这与系统性风险不具有可加性的原理相矛盾，三是要求所有金融机构均上市且市场是有效的，应用在非有效透明市场中具有局限性。

3.3.3　期望损失法（ES）

期望损失（expected shortfall，ES）是指一定置信水平下的损失期望值。系统性期望损失（systemic expected shortfall，SES）是对总体风险值的有效度量，而边际期望损失（marginal expected shortfall，MES）是单个金融机构对系统性风险的边际贡献度，金融机构 i 的 MES 可由式（3–7）表示。

$$MES_i = \sum_t R_{it}/N \qquad (3-7)$$

其中，t 为金融机构市场收益率 R_i 低于一定水平的时间，N 为 t 的总天数。然后通过估计式（3–8）中的参数值即可计算金融机构 i 在 t 时的系统性风险。其中 LVG_i 为金融机构 i 的财务杠杆，a、b、c 为参数，$\hat{a}$、$\hat{b}$、$\hat{c}$ 为参数估计值。

$$SES_i = a + bMES_i + cLVG_i + \varepsilon_i \qquad (3-8)$$

$$[\hat{b}/(\hat{b}+\hat{c})]MES_i^t + [\hat{b}/(\hat{b}+\hat{c})]LVG_i^t \qquad (3-9)$$

期望损失法是一种"自上而下"的方法，即将已经得到的系统性风险以某种方式分配给单个金融机构。期望损失法弥补了上述 CoVaR 模型的缺陷，还能够分析杠杆率对系统性风险本身以及金融机构的系统性风险边际贡献度的影响。但其主要适用于评估某一金融机构对系统性风险的贡献度（Benoit et al.，2013），不能很好地度量系统性风险的整体情况以及由此产生的政府隐性担保额等。

3.3.4　系统或有权益分析法（SCCA）

基于市场数据的 SCCA 方法不但能较好地反映市场实时状况、捕捉违约风险的非线性，具有前瞻性的优点，并且与保险溢价法、CoVaR、Shapley 值和 MES 法相比较，SCCA 模型综合考虑了极端时期金融机构间违约的尾部风险和相依结构，能够测度金融机构之间的关联度引发的系统性风险和识别系统性重要机构，有效评估经济存在潜在下行风险时金融体系的脆弱性，并且能有效度量政府对大而不倒机构的隐性担保规模，因此具有突出的优势。

SCCA 方法建立在 CCA 模型基础之上，先运用前文 CCA 模型计算得到单个金融机构的 CCA 风险指标（见图 3 - 2）：违约距离 DD、违约概率 PD 以及预期损失 EL，在此基础上进一步估计多家金融机构的联合违约概率和联合预期损失。

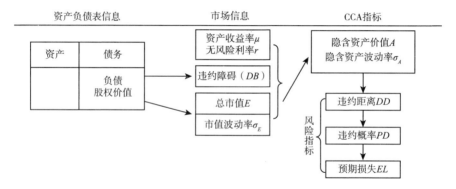

图 3 - 2　CCA 资产负债表和 CCA 风险指标

在单个机构 CCA 风险指标基础上，CCA 的扩展模型 SCCA 可以进一步考察机构间的联合违约风险，应用极值理论估计多家机构预期损失间的联合分布，得到联合违约概率、联合违约损失等系统违约风险指标。

根据定义，若对任意正整数 k，存在向量 α_k 和 β_k 使得式（3 - 10）成立，则多元分布 F 为多元极值分布（multivariate extreme value distribution，MEVD）（Beirlant et al., 2006）。每个 $F(x)$ 都对应一个指数测度 u，满足 $F(x) = \exp\{-u([-\infty)/[-\infty,x])\}$。如果多元随机向量服从多元极值分布，则其每个边际分布同样服从如式（3 - 11）所示的极值分布。

$$F^k(\alpha_k x + \beta_k) = F(x) \qquad (3 - 10)$$

$$G_j(x_j) = \exp\left\{-\left(1 + r_j \frac{x_j - u_j}{\sigma_j}\right)_+^{-1/r_j}\right\} \qquad (3 - 11)$$

Copula 函数是连接边际分布的连接函数，其中极值 Copula 函数可以将边际极值分布连接成为多元极值分布，不仅能够较好地描述金融数据的性质，还能保证进行连接后的联合分布函数依然为极值分布函数，因此选择极值 Copula 函数作为连接工具。在上述 Copula 函数定义的基础上，满足如式（3-12）所示齐次性的 C 函数即为 d 维极值 Copula 函数。

$$C^t(u_1,\cdots,u_d) = C(u_1^t,\cdots,u_d^t), u_i \in [0,1] \tag{3-12}$$

根据 Pickands 定理，多元极值分布函数 F 对应的极值 Copula 函数如式（3-13）所示。

$$C = \exp(-l(-\log u_1, -\log u_2, \cdots, -\log u_d)) \tag{3-13}$$

其中，l 是尾部相依函数，如选用常见 Copula 函数中唯一能满足齐次性要求的 Gumbel Copula 对应的尾部相依函数——Logistic 模型，多维对称 Logistic 模型如式（3-14）所示。将其代入式（3-13），得到 Copula 函数的具体形式，即式（3-15）。

$$l(v) = (v_1^\alpha + v_2^\alpha + \cdots + v_d^\alpha)^{1/\alpha} \tag{3-14}$$

$$C = \exp\{-[(-\log u_1)^\alpha + \cdots + (-\log u_d)^\alpha]^{1/\alpha}\} \tag{3-15}$$

结合多元极值理论和极值 Copula 函数的相关定义，可得到如式（3-16）所示的多元极值分布：

$$F = \exp\{-[(-\log G_1)^\alpha + \cdots + (-\log G_m)^\alpha]^{1/\alpha}\} \tag{3-16}$$

$$G_j(x_j) = \exp\left\{-(1 + \gamma_j \frac{x_j - u_j}{\sigma_j})^{-1/\gamma_j}\right\}(j = 1, 2, \cdots, m) \tag{3-17}$$

将式（3-17）代入式（3-16）即可得到多元极值分布的具体形式：

$$F = \exp\left\{-\left[(1 + \gamma_j \frac{x_j - \mu_j}{\sigma_j})^{-\alpha/\gamma_j} + \cdots + (1 + \gamma_m \frac{x_m - \mu_m}{\sigma_m})^{-\alpha/\gamma_m}\right]^{1/\alpha}\right\}$$

$$\tag{3-18}$$

其中，F 为多元极值分布，G 为单家金融机构的极值分布函数，α、r、σ、u 为参数，m 为金融机构数目。为了对参数进行估计，先对式（3-18）求导得到多元极值分布的概率密度函数，接着计算得到极大似然函数 L 并对参数进行估值：

$$\frac{\partial^m F}{\partial x_1, \cdots, \partial x_m} = f(x, \theta) \qquad (3-19)$$

$$L(\theta) = \prod_{i=1}^{n} f(x_i) \qquad (3-20)$$

其中，f 表示概率密度函数，θ 代表所有未知参数，L 为似然函数，n 为单家金融机构的数据量。确定参数值以后，定义违约事件为至少有一家金融机构违约，具体可表示为 $D = \{L \geq DD\}$，L 为金融机构的风险数据，DD 为违约距离。由此，n 家金融机构的联合违约概率（P）可表示为：

$$P = 1 - F(DD; \alpha, \gamma, \sigma) \qquad (3-21)$$

3.3.5 金融压力指数法（FSI）

金融压力指数（financial stress index，FSI）最早是由加拿大学者在 2003 年提出，[①] 通过构建这一指数能较好地衡量一国的金融压力状况。金融压力指数的重点和难点在于代表性指标的选取和指数编制方法的确定，优点在于实际应用简单易行、清晰明了，具有一定的灵活性和连续性，且可与宏观经济指标结合以进一步探索金融压力对宏观经济的动态传导效应，为政策制定者针对不同金融压力时期提供政策制定的参考，但劣势在于不能清晰反映指数变化的原因[②]。

金融压力指数法可由式（3-22）表示：

$$FSI_t = \sum_{i=1}^{n} w_{i,t} X_{i,t} \qquad (3-22)$$

X 为反映各金融子系统压力状况的指标，W 为各个指标的权重，如可以用各指标的标准差的倒数所占比重来作为权重，则可表示为式（3-23）所示：

① Illing M, Liu Y. An Index of Financial Stress for Canada [J]. Working Papers, 2003, 29 (3). 14.

② 苏晶晶. 系统性风险度量模型应用研究 [M]. 北京：中国统计出版社，2019；徐国祥，李波. 中国金融压力指数的构建及动态传导效应研究 [J]. 统计研究，2017（4）：59-71.

$$w_j = \frac{e_j}{\sum\limits_{j=1}^{n} e_j}, j = 1, 2, \cdots, n \ , \ e_j = \sigma_j \sum_{i=1}^{n} (1 - r_{i,j}), j = 1, 2, \cdots, n$$

$$(3-23)$$

其中，e 表示每个指标包含的信息量大小，σ 为标准差，r 为评价指标之间的相关系数。

金融压力指数的合成主要遵循以下步骤。

第一步，选取有代表性的金融压力指标。选取指标时需要注意三点：（1）选取的指标是否能真实反映该国的金融压力状况；（2）计算指标所需数据是否公开可获得；（3）指标的频度、时间长度，频度最好月度及以上，时间长度尽量长。

第二步，确定各个指标的权重，并合成综合金融压力指数。首先，有关指标权重的确定，主要包含两大类，第一类是主观赋权法，该方法主要依赖专家经验，随意性较大，主观性较强，缺乏客观性，因此说服力欠佳；第二类是客观赋权法，该方法可以继续分为固定权重法和动态权重法，例如等方差权重法、主成分分析法、因子分析法、CRITIC 赋权法、信用加总权重法以及用指标的标准差的倒数所占比重来作为权重等方法即固定权重法，此类方法最大的缺点是权重固定，纵向来看，无法反映实时变化，横向来看，也没有考虑到市场间的相关关系。大体而言，优点在于计算简便，具体而言，例如：主成分分析法可实现数据降维，因子分析法无须考虑变量的量纲问题且可以避免出现多重共线性，在此基础上还可获得指标本身所蕴含的大多信息。随着有关金融压力指数的研究更加成熟，DCC - GARCH 模型（孙晓阳等，2019）、时变相关系数矩阵（清华，2019）、动态 CRITIC 赋权法（邓创和赵珂，2018）等反映时变交互作用的赋权方法被纳入金融压力指数合成的过程中，且通过学者们的研究来看，许多学者在给指标赋权时将固定权重与动态权重两者结合，主要体现在构建各个子市场综合指标时采用固定权重法，将各子市场综合指标合成金融压力指数时采用动态权重法，如陈忠阳和许悦（2016）、孙晓阳等人（2019）的研究。

第4章　地方政府债务影响系统性
金融风险的微观机理

4.1　基于典型主体的微观行为分析

系统性金融风险的形成具有其微观行为基础，从地方政府债务视角看，存在三类典型的微观主体：地方政府、融资平台和金融机构，本章将从这三类典型主体的行为特征出发，揭示地方政府债务影响系统性金融风险的内在机理。

4.1.1　地方政府行为分析

1. 财政分权和政治激励下地方政府的举债融资行为

财政分权反映了央地财政关系。1994 年的分税制财政体制改革，造成了地方政府财权与事权的分配不均，地方政府的事权大于财权（王永钦，2016），此后的增值税转型改革以及最近的"营改增"等一系列重大财税变革，更是使地方政府原有的财权被大幅削弱（徐超，2020），地方财政收入占比从 1993 年的 3.6 倍降至 0.85 倍（刘元春，2020）。而与此同时，基于 GDP 考核的政府晋升锦标赛激励（周黎安，2007），经济高速增长目标下的国有企业改制和城镇化发展产生了大量公共资本支出需要（徐超，2020），导致地方政府的财政支出责任剧增。地方政府财政缺口日益增大，举借债务发展经济成为地方政府的最佳选择（龚强等，2011）。

财政分权和政治激励下的地方政府存在着强烈的举债融资冲动，导致银行部门大量信贷资金经直接或间接渠道流向地方政府部门。一旦政府陷入债务危机，将导致商业银行面临流动性风险和信用风险，甚至形成连锁效应，进一步触发系统性金融风险。

2. 隐性金融分权下地方政府的金融干预行为

金融分权反映了政府与金融市场的关系。2003 年至今，我国金融分权的典型特点是隐性金融分权（毛捷等，2019），其重要表征为地方政府利用行政力，采取隐性化方式干预金融资源配置。一方面通过参股或控股地方金融机构（城市商业银行、村镇银行等）、发展地方性金融市场争夺信贷资源（汤子隆，2019）；另一方面通过影子银行渠道（银证合作、银保合作、银信合作等），为地方政府实施的项目争取资金融通（毛捷等，2019），导致一定程度上的金融对财政的替代（何德旭，2016）。

隐性分权下的金融干预是缓解财政收支矛盾的一种次优选择（周立，2003），一方面，减轻了地方政府的预算约束（Qian and Roland，1998），使得地方政府举债得以实现；另一方面，造成了地方政府债务的扩大化和隐性化，致使区域性金融风险隐患剧增，在一定程度上会激发系统性金融风险。

4.1.2　地方融资平台行为分析

根据国务院有关界定，地方政府融资平台公司是指由地方政府及其部门和机构等通过财政拨款或注入土地、股权等资产设立，承担政府投资项目融资功能，并拥有独立法人资格的经济实体。[①] 1994 年颁布的《预算法》禁止地方政府发行债券融资，催生了地方政府融资平台，通过借道融资平台，地方政府有效规避了不可举债的法律限制，开启了近 20 年地方债务无序扩张的历程。直到 2014 年《国务院关于加强地方性债务管理意见》颁布，剥离了地方政府投融资平台政府融资职能，融资平台举借的债务也不再被纳入地方政府债务的统计范围。然而，融资平台债务并未彻底退出历史舞台，而是转向了其他形式（李升，2019）。

---

① 国务院：《关于加强地方政府融资平台公司管理有关问题的通知》。

1. 政府担保下融资平台的隐性融资行为

融资平台公司融资方式主要有三种形式：一是向银行借贷；二是发行城投债；三是融资租赁、信托私募等商业融资。由于融资平台建立时间不长，经营也不够成熟，自身资本实力和信用不足，所以大多由政府担保（信用担保或土地担保）取得融资，在政府担保下，融资平台一般都不会考虑项目经营失败时所需承担的后果，并会产生持续融资的动机。取得融资后，融资平台代替地方政府投向城镇化领域和公共基础设施项目建设，这些项目大多具有资金需求巨大、投资回收期长、见效慢等特点，其产生的债务很大程度上可以看作地方政府因公共支出而承担的隐性债务，地方政府需要为此肩负"担保"责任。

融资平台的资金来源主要有银行借款、影子银行（银证、银信、银保等业务）融资和发行城投债。与地方政府发行债券融资不同，融资平台债务并不直接体现在政府当前的债务余额中，属于地方政府的隐性负债，其债务形式多样化，责任主体和偿还主体不清晰，资金来源和数量不明确，不易被发掘，也不易被控制，存在很大的债务风险隐患，而作为隐性担保方的地方政府是其债务风险的最终承担者，这也导致地方政府的总体债务风险存在测度和监管困难。

2. 土地财政下融资平台的供地融资行为

土地财政是我国经济发展特定制度环境下的产物，我国特殊的土地制度形成了地方政府对土地征收和出让环节的双垄断格局。低价征地高价出让产生的价差，使土地资本可呈现几倍乃至十几倍的增值（孙秀林等，2013），也使得土地出让收入成为除政府债务发行之外的、能快速增加地方政府财政收入的最大渠道。地方政府借道融资平台，通过土地收入与土地抵押为担保进行发债或向金融机构贷款，成为地方政府融资的常规手段。

具体来看，融资平台以地方政府划拨的土地资源或合法的土地使用权为抵押担保，发行企业债、中期票据等城投债或者通过银行获得信贷资金，再进一步利用募集得到的资金为自己注入资本金，通过这部分资本金再贷款，从而使得资金加速循环。最终，利用土地这种要素把地方政府的举债冲动和商业银行的放贷冲动连接起来，以未来土地预期价值作为保障和支撑，形成土地融资链条，促进了地方政府债务规模的扩大。

4.1.3　金融机构行为分析

1. 预算软约束下商业银行的政府放贷行为

政府和银行关系紧密就会产生银行预算软约束问题（Berglof E and Roland G，1995）。一方面，在中国的银行和政府的关系中，地方政府占上风（魏加宁，2010），地方政府可以通过向当地银行施加行政命令来获得足够资金发展本地经济。尤其隐性金融分权下，政府借助人事任命权、审批权等行政力量影响银行决策，使得金融干预更为直接、更容易实现。商业银行不得不向地方政府提供融资；另一方面，在"损失归政府，利益归银行"的预算软约束条件下，商业银行的信贷资源配置存在着体制性偏好，出于利益最大化的考虑，商业银行更倾向于通过承担政策性负担，去分享土地收益，从而参与地方政府的借贷（白艳娟，2014）。

2. 规避监管下影子银行的表外放贷行为

在 2014 年 10 月财政部发文对融资平台公司的银行贷款做出限制后，影子银行成为地方政府融资平台的重要融资来源（马万里，2020）。

影子银行通过基建信托、项目贷款、表外理财等多种形式为政府提供大量资金，解决融资需求。许多影子银行业务都与地方政府债务有紧密联系，不仅包括一些传统的信托、银行理财、融资租赁、城投债等，还包括诸如政府和社会资本合作模式（PPP）资产证券化等新兴模式（马恩涛等，2020）。以信托、证券等非银行金融机构为通道，以规避监管和追逐更高利润为动力所进行的银行表外业务，绕过了金融监管，不仅改变了地方政府的债务结构，也增加了债务风险的复杂程度（蔡书凯等，2014）。

由于影子银行的投融资活动大部分游离于监管之外，杠杆性高、期限错配严重，所以蕴含着更大的风险隐患。

4.2　基于或有权益分析法（CCA）的影响机制分析

4.2.1　CCA 资产负债表构建

CCA 资产负债表又叫经风险调整的资产负债表，其通过考虑市场波动等外部冲击对资产价值的影响，将负债和权益的账面价值市场化，并分别与变动的资产价值构建对应的联系。传统的政府部门会计资产负债表并未体现融资平台债务担保和金融担保的市场价值，因此政府债务的会计价值会被低估；同样，部分以政府作为最后偿债人的债务风险程度被市场低估，由此也导致金融部门承担的对应资产的贬损风险被低估。或有权益资产负债表通过引入债务担保科目，可使不同部门间的资产和负债关系完整化，对于研究债务风险传导具有前瞻性意义。

要构建部门或有权益资产负债表，首先需理清地方政府、融资平台、金融机构的直接经济关系。地方政府凭借自身信用发行专项债券，构成地方政府的直接显性债务，但受发行额度的限制，此类债券不是地方政府债务风险的主要来源，地方政府的债务风险主要源于对融资平台债务的担保。

融资平台由政府注入土地等经济资产设立，进行的主要融资活动包括发行城投债，以及凭借自身信用、资产抵押或第三方担保向金融机构申请贷款。由于融资平台债务属于地方政府的或有债务，不会体现在政府的资产负债表中，所以地方政府的总体债务风险存在测度和监管困难，因此需要构建 CCA 资产负债表反映地方政府债务的真实情况。

1. 地方政府 CCA 资产负债表的构建

在传统会计科目中，地方政府的资产主要包括土地资产等资源性资产、地方基础设施等固定资产、国有企业净资产、金融资产四大类，资产科目的价值是以某一特定时期的会计存量进行核算，属于地方政府的实际资产。除传统会计科目外，在地方政府经济资产负债表的资产类科目中，还应包括由中央政府提供的债务担保。

在负债和权益类科目中，权益作为标的为资产、债务价值为行权价格的看涨期权。负债部分除会计科目中的地方政府债券外，还包括地方政府向商业银行提供的金融担保，以及向融资平台负有担保责任或救助责任的而承担的平台债务担保。地方政府的经济资产负债表构建如表 4 – 1 所示。

表 4-1　　　　　　　　　　　地方政府 CCA 资产负债表

资产	负债及权益
政府债务担保（看跌期权）	地方政府债券
金融资产	融资平台债务
资源性资产	显性债务（担保责任）
留存土地	隐性债务（救助责任）
其他资源性资产	平台债务担保
固定资产	金融担保
其他资产	其他债务
	权益（看涨期权）

2. 融资平台 CCA 资产负债表的构建

在融资平台资产项目下，除政府注入的固定资产、包括项目收益权等在内的无形资产、在建工程等会计科目外，还应包括平台债务担保科目。权益统称为以资产市值为标的的看涨期权。

融资平台债务主要包括银行直接贷款、城投债及其他金融机构贷款。由于融资平台自身的信用额度难以支撑其贷款及城投债的融资规模，因此其债务价值与实际的资产价值并不匹配。基于融资平台债务的形成特点及与地方政府的特殊关系，融资平台的或与权益资产负债表构建如表 4-2 所示。

表 4-2　　　　　　　　　　　融资平台 CCA 资产负债表

资产	负债及权益
平台债务担保（看跌期权）	金融机构贷款
固定资产	信用贷款
无形资产	抵押贷款
土地使用权	城投债
项目收益权	企业债
其他无形资产	中期票据
在建工程	短期融资券
其他资产	其他债务
	权益（看涨期权）

3. 金融机构 CCA 资产负债表的构建

金融机构作为地方政府和融资平台债务的债权人，其或有权益资产负债表科目与债务人借贷方向相反，数值相等。资产项目下，除地方政府债权、融资平台贷款、城投债债券等会计科目外，还包括金融担保科目，即金融部门自身的债务担保科目。其中，商业银行的金融担保源于央行或财政担保，影子银行的金融担保则源于金融市场的隐性存款担保（邹蕴涵，2017）。银行部门的或有权益资产负债表构建如表4-3所示。

表4-3　　　　　　　　　　金融机构或有权益资产负债表

资产	负债及权益
金融担保（看跌期权）	存款
地方债债权	对中央银行负债
融资平台贷款	其他债务
信用贷款	权益（看涨期权）
抵押贷款	
担保贷款	
城投债债权	
其他资产	

通过以上基于或有权益资产负债表的分析，可以看出，CCA模型构建了资产、负债和权益之间的内在联系，能够更真实地揭示经济部门或公司的价值变化。长期以来，地方政府依靠融资平台向银行等金融机构获得的贷款数量不断攀升，银行发放的贷款规模远远超过了地方政府的资产价值。由于地方政府的会计资产负债表中未包含其对融资平台提供担保和救助而在未来可能形成的或有债务，隐藏了地方政府实际的债务规模，使得地方政府到商业银行的债务风险传导过程难以测度，间接增大了银行的系统性风险。而基于CCA模型构建各部门的资产负债表，能够有效地反映经济部门间隐藏的资产负债价值联系，有助于从微观视角分析系统性债务风险的产生和传递过程，并更清晰地反映融资平台的债务累积过程对政府债务扩张的推动作用，以及对商业银行系统性风险积聚的最终影响。

4.2.2　直接传导机制与研究假说

由于地方政府债券的投资者主要是以商业银行为代表的金融机构，而城投债包括短期融资券、企业债券、非公开定向债务融资工具（private placement note，PPN）等，也主要发行流通于银行间债券市场。因此，当地方政府债务风险水平上升时，会通过债券持有渠道直接影响金融机构的资产负债表，甚至走向"资产负债表衰退"的恶性循环。

地方政府债务违约率上升，将使得地方政府的风险债务价值出现下跌，导致持有其债务类资产的金融机构遭受损失、资产负债表中的金融机构资产价值下降，因为股权价值和风险债务价值与资产价值正相关，所以也会出现下跌。风险会继续向与之具有资产负债表关联的其他金融机构传递，具有共同风险敞口的金融机构也会遭遇同样的困境，进一步引发系统性金融风险（见图4-1）。

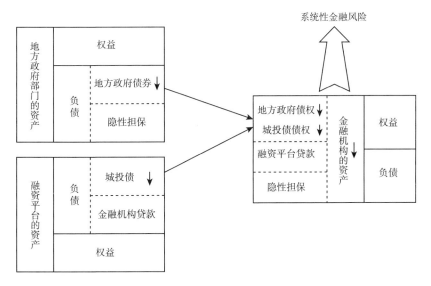

图4-1　基于债券持有渠道的直接传导机制

此外，一方面，政府债券价格下降会加大金融机构杠杆率，金融机构在资产负债约束下的去杠杆操作会对企业信贷产生挤出效应；另一方面，政府债券利率上升则会提高企业贷款利率，增大企业融资成本。因此，通过信贷加速器效应，风险将被放大，系统性金融风险会进一步上升。

具体看，基于债券持有渠道的风险传导会引发金融机构的信用风险和流动性风险。首先表现为地方政府、融资平台、金融系统间的信用风险及传导过程。客观上，考虑宏观政策及市场预期的变动，平台债券发行主体的经营业绩会因经营环境形势而波动：当外部环境变动，如地区经济下滑、地方财政收入减少时，或内部环境变动，如平台基本经营及财务状况恶化时，地方政府及平台的信用风险敞口将增大，导致发债主体的违约可能性上升。主观上，债券主体的信息披露程度不足将引起信息不对称，另外发债主体的增信措施减少将弱化风险转移能力，都将直接或间接地增大信用风险程度，导致信用风险向金融系统性风险传导并积聚。

融资平台所发行的城投债也受到政府信用的影响。在我国，监管机构要求债券发行合同中必须注明债券的信用评级。城投债作为基于地方基础设施建设或其他公益项目而发行的债券，其信用评级受到政府信用的同向影响，信用评级又直接影响着债券价格。同时，城投债作为融资平台的直接负债，若融资平台出现濒临破产的情况，将由政府出于救助义务进行出资偿还，故城投债实际由平台提供直接信用担保、由政府提供隐性担保。因此城投债价值受到平台信用与政府信用两者的影响。当政府信用大幅下降时，政府信用评级会下调，银行等金融机构持有的政府债券（包括国债、地方政府债券、城投债）会发生贬值，甚至违约。

承接政府及平台债券的融资项目多为基础设施及公益性产品，这些项目周期长、回报少，因此在资金面上，债券主体间存在期限错配风险及流动性风险的传导。由于发债主体投资回收期长于持债主体的期望回收期，形成了借贷资金期限错配风险；更进一步，当项目到期收益率低于承诺的预期收益率时，发债主体难以偿付风险溢价，因此金融机构将面临难以及时兑付存款的风险，则流动性风险暴露。

基于上述讨论，本书提出如下研究假说。

假说1：地方政府债务风险水平的上升会导致系统性金融风险上升。

4.2.3　间接传导机制与研究假说

地方政府债务不仅通过债券持有直接影响金融机构的资产负债表，风险还可能因影子银行、土地财政等间接传导渠道进一步放大，引发"资产负债表衰退"的恶性循环，加大金融系统的风险程度。

1. 基于影子银行传导渠道

影子银行在地方政府债务与商业银行关系中占有重要地位。在2014年10月财政部对融资平台公司的银行贷款做出限制后，影子银行成为融资平台进行隐性举债的重要通道。

体现在CCA资产负债表的联系中（见图4-2），融资平台通过向影子银行出售城投债债券、基建信托等方式取得融资，商业银行借道影子银行，通过银信、银证、银保以及金融控股公司等多种合作方式，以信托产品、融资租赁业务、银行理财产品和城投债等为载体，实现对地方融资平台的贷款。借助影子银行，商业银行资金从表内转移到表外，更加强化了金融风险传染效应（李建强等，2019）。

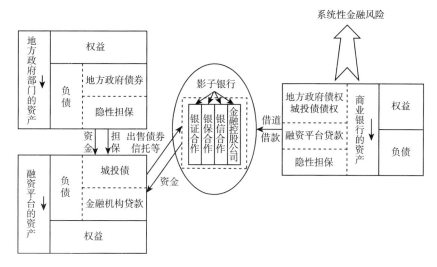

图4-2　基于影子银行传导渠道的间接传导机制

首先，从资产端看，地方融资平台贷款主要投资的通常是中长期的基础设施建设，从负债端看，通过同业、理财等融入的资金多为短期资金，存在期限错配风险。若融资平台到期收益低于预期收益或出现损失，将使得融资平台的风险债务价值出现下跌，造成流动性风险暴露，进而导致影子银行的资产价值受损，从而间接造成与其关联的商业银行资产价值受损。

其次，影子银行利差的提高抬高了地方融资平台的贷款成本，一方面，贷款成本的攀升增大了融资平台的债务违约风险；另一方面，高杠杆推高了信用创造，当融资平台债务出现损失，较高的杠杆率会导致影子银行风险债务价值的下跌幅度更大。随着风险的传递，影子银行的杠杆效应将间接使得与其关联的商业银行遭受更大损失。

最后，通过影子银行业务，商业银行得以将表内业务表外化，由于表外融资绕过了金融监管，从而加剧了地方政府债务风险对金融系统的传导效应。此外，银信、银证、银保等金融机构之间的创新业务逐渐增加，强化了中国银行主导型金融体系内部的直接或间接关联（吴永钢等，2019），增加了风险的联动性，进一步加剧了系统性金融风险。

基于此，本书提出如下假说。

假说2：地方政府债务通过影子银行传导渠道加剧了系统性金融风险。

2. 基于土地财政渠道

由于受到不能直接举债的政策限制，以"土地财政"为后盾通过土地收入与土地抵押为担保进行发债或向金融机构贷款，成为地方政府融资的常规手段。根据财政部《关于制止地方政府违法违规融资行为的通知》，地方政府不得以机关事业单位及社会团体的国有资产为其他单位或企业融资进行抵押或质押，故融资平台用于抵押的资产只能是融资平台实际拥有的资产，其中以政府出让的土地使用权最为常见。

体现在CCA资产负债表的联系中（见图4-3），当融资平台以合法的土地使用权为抵押，向商业银行申请抵押贷款，如果市场波动使土地公允

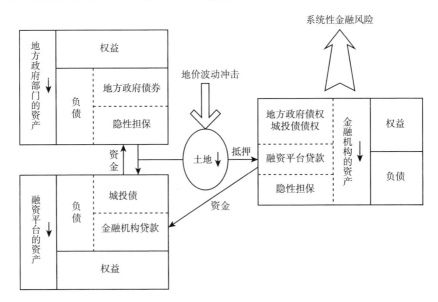

图4-3 基于土地财政传导渠道的传导机制

价值下降，则地方政府和融资平台的资产价值会下跌，地方政府和融资平台的股权价值和风险债务价值均会随之下降。由于资产负债表的关联，金融机构持有的融资平台抵押贷款将发生贬值，使得金融机构资产负债表中的资产价值降低，进而金融机构的股权价值和风险债务价值也会下降，损失还会进一步向与其具有资产负债表关联的其他金融机构传导，加大系统性金融风险隐患。

同时，由于土地贬值，政府资产价值将下降，这将导致政府提供给融资平台的债务担保价值上升，增大了地方政府资产负债表中的负债风险。此外，土地贬值还会使融资平台的资产直接蒙受损失，受到资产状况的影响，金融机构及市场对平台所做出的信用评估也相应下降，并导致金融部门所持有的融资平台信用贷款发生贬值，且流动性下降，从而使金融部门资产状况受到影响。若融资平台难以承受风险冲击，在资产贬损与财务状况恶化的情况下难以偿还从金融机构获得的信用贷款，则会直接导致金融部门产生坏账，从而带来比上一种情况更为严重的影响，提升金融机构所面临的风险。

此外，以土地财政为还款保证的债务还存在抵押杠杆效应。在经济繁荣期，地价上涨，土地出让预期收入增加，地方政府和融资平台资产负债表中的资产价值增加，抵押土地可以获取更多的融资，进而提高了地方政府的举债能力，政府进一步加大举债规模，刺激土地价格不断攀升，并进入更高一轮的循环。相反，在经济衰退期，若土地价格下跌，土地变现收入下降，地方政府和融资平台资产负债表中的资产价值降低，土地融资功能将大幅下降，融资平台资金链断裂，从而加大了金融系统的风险损失。同时，为了维持资产负债表平衡，金融机构收缩企业贷款，导致信贷挤出效应，进一步形成"资产负债表衰退"的恶性循环，最终有可能触发系统性金融风险。

基于此，本书提出如下研究假说。

假说3：地方政府债务通过土地财政传导渠道加剧了系统性金融风险。

4.3　影响的异质性分析与研究假说

我国各地区经济发展水平和负债、偿债能力都有很大差异，各区域地方政府的财政状况和国家倾斜政策也存在较大差别。因此，地方政府债务对系统性金融风险的影响可能存在一定的异质性，影响程度也可能存在一定差异，有必要进一步讨论。

4.3.1 地域异质性

从地域异质性看，我国东部、中部和西部三大区域在经济地理条件等方面存在明显的差异性。东部、中部地区经济较发达，平均财政收入远高于西部地区，整体债务率和负债率较低，金融基础设施更为完备，金融资源呈现出地区集聚的态势，有较高的金融风险承受力。而西部地区经济发展水平较为落后，政府缺乏足够的融资渠道，但享有国家的政策倾斜，对债务融资的依赖度高，金融资源普遍匮乏，承受金融风险的阈值低。因此，相对于东部和中部地区，西部地区债务风险可能会更加明显，对系统性金融风险影响的正向效应会更大。而东部区域金融风险的空间外溢效应可能会更明显。

据此，本书提出以下研究假设。

假说4：相对东中部区域，西部的地方政府债务对系统性金融风险的正向溢出效应更大。

4.3.2 财政分权异质性

从财政分权异质性看，财政分权程度的提高会强化地方政府债务对系统性金融风险的正向作用。

首先，财政分权程度越高，会加剧地方政府财权与事权的不平衡。财政缺口的不断扩大，将强化地方政府的被动举债动机，导致债务规模的扩张。其次，财政分权程度越高，地方政府对财政资源的支配权就越大，公共财政资源的有限性会加剧地方政府之间的竞争，从而强化地方政府的主动举债动机，导致过度负债。最后，财政分权程度的提高，会推动隐性金融分权的发展，促使地方政府加大对当地金融资源的干预控制，突破非理性举债的约束，以满足自己的举债需求，从而造成信贷资源配置的扭曲。

因此，财政分权程度的提高，一方面通过强化地方政府的主动和被动举债动机，加大了地方政府债务风险；另一方面通过强化隐性金融分权，加大了地区金融风险，从而导致系统性金融风险的上升，进而增大了对系统性金融风险的正向溢出效应。

据此，本书提出以下假说。

假说 5：财政分权程度越高，地方政府债务对系统性金融风险的正向影响越大。

4.3.3　金融分权异质性

从金融分权异质性看，金融分权程度的提高会强化地方政府债务对系统性金融风险的正向作用。我国金融分权表现为金融准入、监管及救助的显性集权和金融资源实际配置的隐性分权特征（何德旭，2016）。

首先，隐性金融分权程度的提高为地方政府债务融资提供了便利，使地方政府可以通过"土地财政""影子银行"等撬动更多的资金，过度融资成为可能，加大了地方政府债务风险。其次，在隐性金融分权创造的弱融资约束环境下，商业银行在激烈的市场竞争中放松风险管控要求，会导致信贷资源配置的无效率和银行坏账的增加。最后，隐性金融分权的提高，强化了商业银行信贷配置的体制性偏好，在"损失归政府，利益归银行"的预算软约束条件下，进一步加重了商业银行的道德风险，增大了系统性金融风险隐患。

据此，本书提出以下假说。

假说 6：金融分权程度越高，地方政府债务对系统性金融风险的正向影响越大。

4.4　影响的空间效应分析与研究假说

空间依赖性和空间异质性是经济社会系统的基本性质与普遍特征。某一区域里的经济活动往往与邻近区域或经济发展相似区域里的经济活动存在一定关联，导致地区经济活动呈现一定的外部性。所以空间传染也往往是风险大幅度扩散的关键所在，2008 年美国金融危机的扩散就是典型的例证。因此，有必要从空间视角进一步揭示地方政府债务与系统性金融风险的作用机理。

4.4.1 财政分权与地方政府债务风险的空间效应

财政分权制度赋予了各省一定的财政资源支配权，使得各省财政要素表现出一定相互作用的差异性空间特征（何德旭，2016），财政要素的流动可能产生空间溢出效应；同时，财政分权下的"晋升锦标赛"竞争，使得邻近或相似省份的相对绩效往往成为评估该省官员政绩的"标尺"（Xu，2011）。在财政分权制度下，地方政府间的举债行为和决策存在空间关联性，当某地区凭借地方债扩张实现了短期内当地经济的快速增长时，其他地区为提升自身经济增速和规避行政决策失误带来的政治风险，会积极效仿该地区的"先进举债融资经验"，从而引发"从众效应"（沈丽等，2021）。地理邻近或经济发展越相似的地区债务竞争越激烈（刁伟涛，2016），也更可能成为地方政府举债融资攀比模仿的对象，从而使地方政府债务风险呈现空间关联性。

据此，本书提出以下假说。

假说7：财政分权制度下，地方政府债务风险存在一定的空间效应，并且地理邻近或经济发展相似的地区关联性更强。

4.4.2 金融分权与区域金融风险的空间效应

金融分权使得地方政府获得了更多金融权力，也使不同省份的金融资源具有空间差异性和空间关联性（何德旭，2016）。一方面借助隐性金融分权，地方政府举借了更多隐性债务，造成本地区金融配置效率扭曲，从而推高了本地区金融风险；另一方面，由于各地金融机构存在一定的资产负债关联和投资关联，极易在区域间传导和扩散，使得金融风险具有空间溢出效应，考虑信息便利和交易成本，地理邻近的地区间的金融业务往来通常会越密集，金融风险关联与传染效应会比较明显；同样，经济发展水平越接近的地区，越容易形成产业集聚，金融资源的空间分布也呈现集聚之势（张辉等，2016），金融风险关联与传染效应也就越大。

据此，本书得出以下假说。

假说 8： 金融分权制度下，区域金融风险存在一定的空间效应，并且地理邻近或经济发展相似的地区关联性更强。

4.4.3　地方政府债务对系统性金融风险影响的空间溢出效应

在财政分权和金融分权共同作用下，一方面，本地政府会有强烈的举债动机，不断扩大地方政府债务规模，并通过金融分权争取更多的银行贷款。在政治压力和"损失归政府，利益归银行"的预算软约束条件下，带动区域内商业银行参与到地方政府的借贷冲动中，导致货币量膨胀，银行坏账增加，造成区域内的风险传导，加剧本区域金融风险。另一方面，区域间竞争压力的存在，会诱使其他地区政府学习和效仿这种行为，在此过程中，产生空间溢出效应，造成风险在区域间的传导和扩散，进一步放大系统性金融风险。

因此，空间效应的存在，导致本地的地方债务风险不仅会通过区域内的关联渠道对本区域金融风险产生溢出效应，而且会通过区域间的关联渠道，给其他地区金融风险带来负外部性，造成金融风险的区域间传导，使整体金融系统脆弱性增加。

通常地理邻近和经济发展水平相似的区域空间依赖性更强，空间溢出效应会更明显。并且伏润民（2017）、沈丽（2019）研究发现，空间效应的存在往往还具有风险放大效应，使得区域间风险溢出效应大于区域内风险溢出效应。

据此，本书得出以下假说。

假说 9： 地方政府债务对区域金融风险的影响存在空间溢出效应，地理位置邻近和经济发展水平相近的地区，金融风险溢出效应会更强。

第5章 地方政府债务影响系统性金融风险的实证分析——全国层面

5.1 全国层面地方政府债务的测度

我国尚未建立专门针对地方政府债务的官方数据库，审计署公布的地方债务审计数据也比较有限，地方政府债务规模的估算大致采用了三种办法：一是根据审计署披露的《全国政府性债务审计结果》数据进行估算（刁伟涛，2017），此方法适合分析全国整体地方政府债务情况，但是由于政府公布的主要是显性债务数据，所以此估算数据没有涵盖隐性债务；二是按照显性债务与隐性债务的分类，进行地方政府债务的估算（毛捷，2018），此方法包含了隐性债务，估算的数据更全面；三是以城投债作为地方政府债务的代理变量（钟辉勇、陆铭，2015），此方法更适合估算微观公司层面的隐性债务。因此，本书采取第一种方法估计全国层面地方政府债务整体规模，并在第5章采取第二种方法估算省级地方政府债务规模，在第6章采取第三种方法估算微观公司层面地方政府债务情况。

5.1.1 全国层面地方政府债务规模的测度

本书采用上述第一种办法估算全国层面地方政府债务规模，一方面是按此方法估算，可以直接从政府公开渠道获取2015年以后的全国层面地方政府债务数据；另一方面官方公布有2017年至2021年3月的季度数据，可以较好满足本章实证分析对季度数据的需求，减少缺失值。

2015年以前的数据可以根据审计署披露的《全国政府性债务审计结果》数据进行估算。审计署分别在2011年6月和2013年12月公布了两次全国政府性债务审计结果，本书借鉴已有文献（刁伟涛，2017）的估算得到2014年以前的数据，2015年、2016年的年度数据来自财政年鉴，Wind数据库有2017年至2021年3月的季度数据，最终得到2001～2020年地方政府显性债务的年度数据，如表5-1所示。

表5-1　　　　　全国地方政府显性债务规模（2001～2020年）

地方政府显性债务余额（万亿元）	2001年	2002年	2003年	2004年	2005年	2006年	2007年	2008年	2009年	2010年
	0.66	0.88	1.11	1.40	1.77	2.24	2.82	3.49	5.65	6.71
	2011年	2012年	2013年	2014年	2015年	2016年	2017年	2018年	2019年	2020年
	8.04	9.63	11.43	15.41	14.76	15.36	16.47	18.39	21.31	25.66

资料来源：根据审计署、Wind数据库等相关资料整理。

从变动趋势看，2001～2020年我国地方政府债务规模呈现上升的趋势（见图5-1），其中2008～2014年底增速尤为明显，这正是自2008年"4万亿"刺激计划后的地方政府债务飞速发展的阶段。2015年，新预算法实施，同年全国人大常委会批准地方政府债务限额为16万亿元，2015年底，地方政府债务余额降至14.8万亿元。2014～2016年债务余额增速下

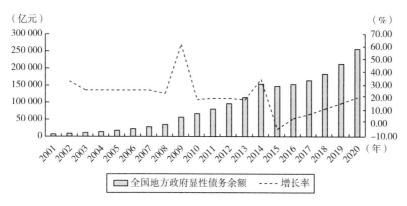

图5-1　全国层面地方政府显性债务规模及变动趋势

资料来源：根据审计署、Wind数据库等相关资料整理。

降，低于平均增速，这主要是由于财政部和审计署对政府性债务进行了重新定义，剔除了一部分之前被纳入统计的债务数据。2016 年起全国债务规模缓慢攀升，在近两年增速加快，原因在于国务院和党中央采取了扩张性的财政政策，提高了负债水平。

5.1.2　全国层面地方政府债务风险的测度

国际上常用负债率和债务率来衡量地方政府债务风险。当一个地方政府的负债率和债务率超过一定的警戒线后，则认为该地方政府有极大可能会爆发债务风险。

负债率为地方政府债务余额与地方 GDP 之比。主要用来衡量经济总规模对地方政府债务的负担能力或经济增长对政府举债的依赖程度。国际上负债率的警戒线一般采用欧盟设定的超过 60% 来衡量。而经过国内研究及我国经济发展现状分析，相关学者测算出来的负债率的警戒值为16.05%。① 但是他们的样本都包括了地方政府债务中的或有债务，本书全国层面地方债务规模的测算中只包括了地方政府的显性债务，16.05% 的警戒值可能过高。根据新预算法实施前的 2014 年我国地方政府债务中政府负有偿还责任的债务与或有债务的比值15.4∶8.6，我国以 10.30% 为债务负担率的临界值比较恰当，当地方政府债务负担率超过 10.30% 时，认为债务负担过重，地方政府经济不能很好地承载债务风险。

债务率是当年的政府债务余额与当年的政府综合财政收入的比，是用来衡量地方政府利用当期的财政收入所能应对的偿债水平的常用比率。国际上常用的债务率的警戒线为 100%。当地方政府债务率超过 100% 时，认为债务负担过多，地方政府债务风险产生，我国学者根据我国某省测算出的警戒线为112%。② 根据本书确定的地方政府负有偿还责任债务与总债务的比例，结合我国学者测试出的警戒线 112%，本书测算出我国债务率的警戒线为 71.86%。

---

① 缪小林，高跃光. 经济增长视角下地方政府债务负担率动态标准研究——基于西部 Y 省县域非线性 Panel Data 模型 [J]. 财经论丛，2016（3）：28 - 36.
② 刁伟涛. 债务率、偿债压力与地方债务的经济增长效应 [J]. 数量经济技术经济研究，2017（3）：59 - 77.

通过对我国地方政府债务率和债务负担率的计算（见表5–2），2020年我国地方政府显性债务余额约为25.66万亿元，据此估算出2020年我国地方政府负债率为25.35%，远超过本书确定的警戒线10.30%，但低于欧盟60%的警戒线。① 2020我国地方政府综合财政收入为26.49万亿元，经计算地方政府债务率为96.86%，超过本书确定的警戒线71.86%。这表示我国总体地方政府债务存在风险隐患，具有债务风险爆发的可能性。

表5–2　　　　　　　　我国地方政府总体债务风险情况

年份	地方政府显性债务余额（亿元）	地方政府综合财力（亿元）	地方政府GDP现价（亿元）	债务率（%）	负债率（%）
2001	6 585.6	15 101.14	108 107	43.61	6.09
2002	8 779.92	18 283.56	119 999	48.02	7.32
2003	11 090.8	23 532.7	137 548.4	47.13	8.06
2004	14 009.89	28 713.51	162 477.6	48.79	8.62
2005	17 697.3	32 468.6	189 085.1	54.51	9.36
2006	22 355.23	39 882.67	220 974	56.05	10.12
2007	28 239.12	53 927.23	270 677.3	52.37	10.43
2008	34 869.67	64 751.24	320 202.7	53.85	10.89
2009	56 460.97	77 593.05	349 911.9	72.77	16.14
2010	67 109.51	107 296.1	414 670.5	62.55	16.18
2011	80 383.77	131 647.25	491 419.9	61.06	16.36
2012	96 281.87	141 836.17	543 063.2	67.88	17.73
2013	114 302.13	166 481.57	597 974.7	68.66	19.11
2014	154 074.3	178 828.81	648 304.2	86.16	23.77
2015	147 568.37	177 658.43	693 642	83.06	21.27
2016	153 557.59	188 235.31	750 948.6	81.58	20.45

---

① 虽低于欧盟60%的警戒线，但考虑到本书测算中没有包含隐性债务规模，60%警戒线偏高。

续表

年份	地方政府显性 债务余额（亿元）	地方政府综合 财力（亿元）	地方政府 GDP 现价（亿元）	债务率 （%）	负债率 （%）
2017	164 706	215 161. 67	832 096. 4	76. 55	19. 79
2018	183 862	239 960. 56	914 117. 5	76. 62	20. 11
2019	213 072	256 983. 86	982 320. 5	82. 91	21. 69
2020	256 615	264 945. 6847	1 012 415. 1	96. 86	25. 35

注：地方政府综合财政收入为地方本级财政收入加上级政府对下级政府的税收返还、转移支付加上政府性基金收入，2008 年之前无地方政府性基金的统计，用土地出让金替代。地方政府 GDP 现价为全国 31 个省和直辖市的 GDP 非累计值。

资料来源：由原始数据计算得到。原始数据来自 Wind 数据库、财政部官方网站。

　　从地方政府债务风险变化趋势看（见图 5 - 2），2001 年以来，地方政府债务率和负债率皆呈整体上升趋势，其中地方政府债务率上升幅度明显，尤其受疫情影响，2019 年开始债务率明显冲高。在宏观经济下行背景下，债务风险不容小觑。

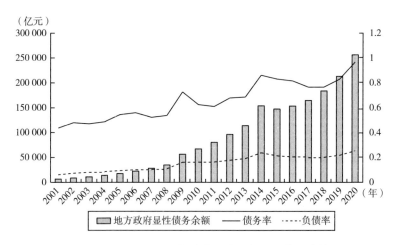

图 5 - 2　2001 ~ 2020 年地方政府债务风险变化趋势

资料来源：Wind 数据库、财政部官方网站。

　　本书实证中主要选择债务率作为全国层面地方政府债务风险水平的衡量指标，一方面是因为债务率是地方政府债务规模与当年地方政府综合财力的比值，而地方政府综合财力是地方政府债务的还款来源，该指标能直接反映地方债务的信用风险，既是判断债务风险的主要指标，也是国际上通用的衡量指标。另一方面，负债率是债务规模与地区生产总值的比值，与"负债率"相比，地区 GDP 有可能与本书实证中的控制变量存在内生性，而且也不能很好地反映地方政府偿债压力对地方财政支出的影响。因此，本书选择地方政府债务率衡量我国政府债务风险水平，并将其作为本章实证分析的主要变量。地方政府债务率为负向指标，债务率越高，风险隐患越大。

5.2　全国层面系统性金融风险的测度——基于金融压力指数

金融压力指数（financial stress index，FSI）能较好地衡量一国金融体系的压力状况。金融压力指数是一个连续变量（秦建文，2017），能够反映风险压力的持续状态，压力到达极端状态时会出现金融危机。由于金融压力指数对是否发生过金融危机不做限定，突破了以往用二值变量衡量金融危机的局限，具有更好的适用性（陈守东，2011），因此，本书采用金融压力指数来度量我国系统性金融风险。

5.2.1　基础指标的选取

本书在构建金融压力指数的过程中，指标选取遵循以下三点准则：（1）选取的指标能真实反映我国金融市场的压力信息；（2）计算指标所需数据可公开获得；（3）指标的时间长度不宜太短，频率至少为月度。由于日度数据噪声太大，周度数据部分指标难以获取，本书选择使用月度数据，样本区间为 2003 年 1 月至 2021 年 3 月，数据来源于 Wind 数据库、中经网统计数据库、中国外汇交易中心、中债估值中心、网易财经和中国人民银行网站。

在参考相关文献研究的基础上，结合我国实际情况，本书构建的中国金融压力指数涵盖银行部门、证券市场、保险市场和外汇市场四个子市场，共 10 个基础指标，如表 5 - 3 所示。通过先合成各子市场指标，再合成综合指标，构建的指标能真实地反映我国金融市场的风险状况。具体而言，各子市场选取的指标如下。

1. 银行部门

一直以来，银行部门在我国金融系统中都占据了主导地位，它是我国金融市场中流动性的主要来源。银行作为我国核心的金融中介机构，金融系统的稳定与之息息相关。鉴于此，本书选择了以下四个较能代表银行部门压力状况的指标。（1）银行不良贷款率：即不良贷款与全部贷款之比，若不良贷款率较高，说明银行不能收回的贷款占全部贷款的比例偏高，表明此时银行实际发生或潜在发生坏账的概率较大。（2）银行间市场 7 日回购利率：这一指标可以体现出短期融资市场的流动性风险和交易对手风险。[①]（3）TED 利差：即三个月的银行间同业拆借利率与三个月中债国债到期收益率之差，该指标也可以反映出银行间市场的流动性风险和交易对手风险，TED 利差越大，表明银行间的资金成本越高，资金成本的上升会导致银行间金融压力的增加。（4）政策性金融债利差：即 1 年期国开债到期收益率与 1 年期国债到期收益率之差，政策性金融债利差介于企业债与国债之间，一般低于前者、高于后者，当政策性金融债利差增加时，说明投资者的避险情绪较重，市场上的流动性趋紧，金融压力增大。[②]

2. 证券市场

证券市场是我国金融系统中不可或缺的一部分，其面临的金融压力情况会直接影响我国金融系统的稳定性，故准确度量其面临的金融风险大小有着极为重要的意义，因此本书选择了以下三个指标。（1）股票指数下跌变量：它是上证指数在一年的移动时间窗口内的最大累积损失，由于在出现危机时，股市指数会出现大幅下降，因此该指标可以被作为反映金融压力的指标。[③]（2）政府债券到期收益率差：即 10 年期与 1 年期国债到期收益率差，它反映了长、短期资产之间存在的利差，当金融风险较大时，人们倾向于抛售长期资产，持有短期资产，此时长短期资产间的利差收

---

①③ 陈忠阳，许悦. 我国金融压力指数的构建与应用研究［J］. 当代经济科学，2016，38（1）：27 –35.

② 徐国祥，李波. 中国金融压力指数的构建及动态传导效应研究［J］. 统计研究，2017，34（4）：59 –71.

窄。（3）股债相关系数：即上证综指收益率与 10 年期国债收益率的动态相关系数，在正常情况下，这两者之间不存在显著的相关性，当股债相关系数呈现出显著的负相关时，表明此时的金融压力较大，许多投资者将资金从股市转向债市以求"避险"。[①]

3. 保险市场

从 1994 年以来，我国保费收入总额呈现逐年上涨的趋势，但近年来，保费收入增速放缓。从 1994 年至 2020 年，中国保险深度（保费/GDP）和保险密度（人均保费）虽提高了不少，但仍低于全球平均水平。[②] 即便如此，我国保险市场的发展速度也是不容忽视的，保险市场在我国金融系统中的地位也显得愈发重要。故本书选择了保险赔付额变化率来表示保险市场的动荡程度，该指标有两种计算方式，一种为当月保险赔付额除以一年滚动时间窗口最小值，另一种为计算月度增长率，经对比发现使用前一种方法计算后合成的中国金融压力指数效果更好，[③] 因此本书最终采用第一种方法。当保险赔付额变化率较大时，说明此时保险市场的压力较大。

4. 外汇市场

新中国成立以来，我国经济开始逐步对外开放，随着开放程度的加深，逐渐有了国际经济往来的需要，外汇市场也随之发展起来，2020 年 5 月 14 日，中共中央政治局常委会会议首次提出要构建"以国内大循环为主体、国内国际双循环相互促进的新发展格局"，这一战略布局将推动我国开放型经济向更高层次发展，它也进一步说明外汇市场在我国金融体系中的重要性。为更贴合实际地刻画外汇市场的风险状况，本书主要选择了以下两个指标。（1）实际有效汇率指数波动率：即人民币实际有效汇率指数的 GARCH（1，1）波动率，波动率越大，风险越大。（2）外汇储备变化率：即当月外汇储备规模与一年滚动时间窗口最大值比值的相反数。

---

① 徐国祥，李波．中国金融压力指数的构建及动态传导效应研究［J］．统计研究，2017，34（4）：59-71．

② 任泽平，曹志楠．中国保险行业发展报告 2021［R］．泽平宏观微信公众号。

③ 郑桂环，徐红芬，刘小辉．金融压力指数的构建及应用［J］．金融发展评论，2014（8）：50-62．

表5-3   系统性金融风险压力指数（FSI）指标体系

所属市场	具体指标	经济意义或计算方法	变量与FSI的关系
银行市场	银行不良贷款率	不良贷款与全部贷款之比	同向
	银行间市场7日回购利率	日度数据的月平均值	同向
	TED利差	三个月的银行间同业拆借利率与三个月中债国债到期收益率之差	同向
	政策性金融债利差	1年期国开债到期收益率与1年期国债到期收益率之差	同向
证券市场	股票指数下跌变量	上证指数在一年的移动时间窗口内的最大累积损失，$CMAX_t = -x_t/\max, [x \in x_{t-j} \mid j = 0,1,\cdots,T]$	同向
	政府债券到期收益率差	负的10年期与1年期国债到期收益率差	同向
	股债相关系数	上证综指收益率与10年期国债收益率的动态相关系数（两个指标2年的相关系数与4周的相关系数的差值，其中负值取0）	同向
保险市场	保险赔付额变化率	当月保险赔付额/一年滚动时间窗口最小值	同向
外汇市场	实际有效汇率指数波动率	人民币实际有效汇率指数的GARCH（1，1）波动率	同向
	外汇储备变化率	当月外汇储备规模/一年滚动时间窗口最大值，并取相反数	同向

5.2.2 基础指标的处理及转换

1. 基础指标的处理

对于存在缺失值的月度数据，例如，实际有效汇率指数缺少2021年3月的数据，便采用前六个月的平均值将其补齐，不良贷款率使用SPSS进行线性插值将其补齐；对于只有季度值、没有月度值的数据，本书使用

Eviews10.0 进行频度转换，对于不良贷款率，采用 Quadratic – match – Average 进行转换，对于 GDP，采用 Quadratic – match – Sum 进行转换；对于包含季节性因素的时间序列数据，采用 Eviews 中的 X – 12 季节调整方法去掉季节性因素，例如保险赔付额变化率、GDP，需要注意的是，若数据为累计值，需要先将其转化为当期值，再进行后续处理，若数据频率为日度，需通过算术平均变换为月度。

2. 基础指标的转换

由于不同指标的量纲不同，因此需要对各个指标进行标准化处理，便于进行后续子市场指标以及综合指标的合成，又因采用平常的标准化方法将数据进行标准化处理要求数据呈正态分布，而现实世界中金融系统的数据大多不符合正态分布，故本书借鉴已有学者霍洛等（Hollo et al.，2012）的做法，采用经验累积分布函数（ECDF）方法将处理好的指标转化在（0，1］之间，该方法的优点在于不必提前假设各指标均为正态分布，且加入新的数据不会导致"事件重新分类"问题的发生。[①] 具体操作步骤如下。

首先，选定窗口期，本书选择了 2003 年 1 月至 2017 年 12 月的数据为窗口期（由于部分数据时间长度不够，窗口期为 2004 年 1 月至 2017 年 12 月），假设某一基础指标为 $x = (x_1, x_2, x_3, \cdots, x_n)$，$n$ 表示数据的样本总量，对该基础指标进行升序排列，记为 $(x_{[1]}, x_{[2]}, x_{[3]}, \cdots, x_{[n]})$，其中 $x_{[1]} \leq x_{[2]} \leq x_{[3]} \leq \cdots \leq x_{[n]}$，表示金融压力由小变大，方括号中的数字代表该数据的位置信息，接着对排序后的数据按照式（5 – 1）进行计算。需要注意的是，若几个数据大小一样，那么便取对应几个位置的平均值，再按照式（5 –1）计算：

$$u_t = F_n(x_t) = \begin{cases} \dfrac{r}{n}, x_{[r]} \leq x_t \leq x_{[r+1]}, r = 1, 2, \cdots, n-1 \\ 1, x_t \geq x_{[n]} \end{cases} \quad (5-1)$$

其次，若有新样本加入，那么便按照式（5 –2）进行递归转换，如遇相同数据，处理方法同上。

① 陈忠阳，许悦. 我国金融压力指数的构建与应用研究 [J]. 当代经济科学，2016，38 (1)：27 –35.

$$u_{n+T} = F_{n+T}(x_{n+T}) =$$

$$\begin{cases} \dfrac{r}{n+T}, x_{[r]} \leq x_t \leq x_{[r+1]}, r = 1,2,\cdots,n-1,\cdots,n+T-1 \\ 1, x_{n+T} \geq x_{[n+T]} \end{cases} \quad (5-2)$$

其中，$T=1,2,3,\cdots,N$，N 表示样本的最后一期，于本书而言，是 2021 年 3 月。

经过上述两步的转换后，各指标都被转化在（0，1）之间，具备了基本可比性，因此可进行下一步中国金融市场压力指数的构建。

5.2.3 金融压力指数 FSI 的构建

金融压力指数的合成分为两步，首先是各子市场金融压力指数的合成，其次是综合金融压力指数的合成。各子市场金融压力指数的合成较为容易，直接由银行、证券、保险、外汇四个市场内各个指标值 $u_{i,j,t}$（i 表示子市场，j 表示指标）分别算术平均得到，即等权重合成，合成后的子市场指标表示为 s_t，$t=1$，2，3，4。

在合成综合金融压力指数的过程中，需要对四个子市场赋权，常见的方法有等方差权重法、因子分析法和信用加总权重法等，考虑到以上方法一些共有的缺点，例如无法反映各子市场间的相互作用，以及各子市场对中国金融压力的贡献程度不一致，本书最终结合经验累积分布函数和信用加总权重法构建了中国金融压力指数。具体步骤如下。

首先，本书选择银行贷款余额、股票市价总值、保险市场总资产和外汇进出口额占这四者之和的权重来分别作为四个子市场的信用权重，表示为 w_t，$t=1$，2，3，4；

其次，计算 FSI，计算公式为：

$$FSI_t = (w_t \cdot s_t)C_t(w_t \cdot s_t)' \quad (5-3)$$

其中，$w_t = (w_1,w_2,w_3,w_4)$，表示各子市场的权重向量，$s_t = (s_1,s_2,s_3,s_4)$，代表各子市场金融压力的数值向量，$w_t \cdot s_t$ 表示 t 时各子市场权重向量的每个数值与对应位置子市场金融压力数值的乘积，称为哈达玛（Hadamard）乘积。

C_t 为子市场 i 与子市场 j 间的时变相关系数矩阵，它由 t 时每两个子

市场间的相关系数 $\rho_{ij,t}$ 构成，如式（5-4）所示：

$$C_t = \begin{pmatrix} 1 & \rho_{12,t} & \rho_{13,t} & \rho_{14,t} \\ \rho_{12,t} & 1 & \rho_{23,t} & \rho_{24,t} \\ \rho_{13,t} & \rho_{23,t} & 1 & \rho_{34,t} \\ \rho_{14,t} & \rho_{24,t} & \rho_{34,t} & 1 \end{pmatrix} \quad (5-4)$$

$\rho_{ij,t}$ 由指数移动加权平均方法（EWMA）计算得到，详细过程如下：

$$\sigma_{ij,t} = \lambda\sigma_{ij,t-1} + (1-\lambda)\tilde{s}_{i,t}\tilde{s}_{j,t} \quad (5-5)$$

$$\sigma_{i,t}^2 = \lambda\sigma_{i,t-1}^2 + (1-\lambda)\tilde{s}_{i,t}^2 \quad (5-6)$$

$$\rho_{ij,t} = \sigma_{ij,t}/\sigma_{i,t}\sigma_{j,t} \quad (5-7)$$

其中，i，$j=1$，2，3，4，且 $i\neq j$，$t=1$，2，3，$\cdots$，N。$\sigma_{ij,t}$ 表示 t 时子市场指标 $s_{i,t}$ 与 $s_{j,t}$ 间移动加权的协方差，$\sigma_{i,t}^2$ 为子市场指标 $s_{i,t}$ 移动加权的方差，$\tilde{s}_{i,t} = s_{i,t} - 0.5$，即子指标值减去理论均值，$\lambda$ 为平滑参数，与参考文献一致，取值为 0.93。方差和协方差的初始值（2003 年 1 月）设定为递归前期（2003 年 1 月至 2017 年 12 月）的方差值和协方差值。

最后，构建的金融压力指数结果如图 5-3 所示，从图 5-3 可知，在 2003 年 1 月至 2021 年 3 月期间，我国金融压力较大的时期主要有五个时段，分别是 2008 年 3 月至 2008 年 12 月、2011 年 9 月至 2012 年 3 月、2013 年 6 月至 2014 年 3 月、2015 年 3 月、2016 年 9 月至 2018 年 9 月。我国金融压力在 2007 年 9 月至 2008 年 3 月一直处于上升状态，并于 2008 年 3 月达到最高点，这主要是由于美国次贷危机引发全球金融海啸，随后我国金融压力开始下降，在 2009 年 6 月降至最低点，在这期间我国先后推出了"4 万亿"救市计划和俗称"铁公基（机）"的十大工程，以此拉动中国经济增长。在 2009 年 6 月后，金融压力一直上升，欧债危机的爆发使得我国金融压力在 2011 年底达到最大值。在 2013 年 6 月至 2014 年 3 月期间，我国银行业由于流动性紧张发生"钱荒"，导致这一时期的金融压力较大。2014 年年底俄罗斯卢布大幅贬值以及 2015 年下半年中国发生"股灾"，使得我国金融压力在 2015 年年初再次上升。在 2017 年 3 月至 2018 年 9 月期间金融压力先升高再陡降又升高，这主要是因为我国外汇市场压力以及中美贸易战的爆发。

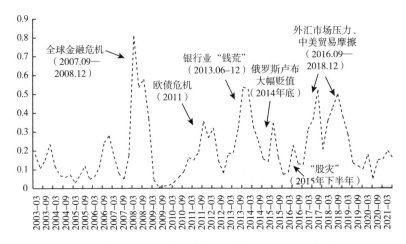

图 5 - 3　中国金融压力指数（2003 年 1 月至 2021 年 3 月）

资料来源：Wind 数据库、中经网统计数据库、中国外汇交易中心、中债估值中心、网易财经和中国人民银行网站等。

5.2.4　金融压力期的识别——基于 MS - VAR 模型

金融压力期的识别关键在于确定金融压力指数的阈值，指数高于该阈值则认为是在高压力区间。确定阈值的传统方法主要有两种，一种是将过去某个已发生金融危机时期的指数值定为阈值；另一种是将金融压力指数的历史均值的 1.5 倍或 2 倍的标准差作为阈值。这两种判断方法都有一定程度的主观性，稳健性不高。相比传统的识别方法，马尔科夫状态转换模型（MS - VAR）具有更加客观且不易受到极端值影响的优点，因此，本书将使用 MS - VAR 模型来识别我国的金融压力期。

MS - VAR 模型（Hamilton，1989）可视为对 VAR 模型的发展，VAR模型一般假定变量之间为线性关系，而在现实宏观经济活动中，中国金融压力指数与宏观经济指标的波动存在着非线性关系。MS - VAR 模型相较于 VAR 模型来说，前者的参数会随区制状态的变化而变化，不仅能较好地刻画变量间的非线性特征，还能分区制呈现在不同经济状态下此非线性特征的变化，更符合我国宏观经济的现实情况。模型如下：

$$y_t(s_t) = v(s_t) + A_1(s_t)y_{t-1} + \cdots + A_p(s_t)y_{t-p} + \mu_t \quad (5-8)$$

其中，p 为滞后阶数，$A_i(i=1,\cdots,p)$ 为系数向量，$\mu_t \sim IID(0,\sum(s_t))$，$s_t$ 为区制参数，取值范围为（1，…，M），表示 M 个区制，服从遍历不可约的一阶马尔科夫过程。式（5-8）为更符合现实经济特征的截距项随区制变化而变化的表达式，其等价形式为均值跳跃型：

$$y_t(s_t) - \mu(s_t) = A_1(s_t)\left[y_{t-1}-\mu(s_{t-1})\right] + \cdots + A_p(s_t)\left[y_{t-p}-\mu(s_{t-p})+\mu_t\right]$$

$$(5-9)$$

在本书中，s_t 代表中国金融压力的 M 种状态，从一种状态 s_i 转移到另一种状态 s_j 的概率为：

$$P_{ij} = Pr(s_{t+1}=j \mid s_t=i), \sum_{j=1}^{M} P_{ij} = 1 \quad \forall i,j \in \{1,\cdots,M\}$$

$$(5-10)$$

1. 变量选择

本书在研究中国金融压力与宏观经济的关系时，我国金融压力采用前文合成的金融压力指数 FSI 表示，宏观经济选用经济增长率和负债水平来表示，其中负债水平即债务率 $Debt$（债务/地方综合财力）是由前文的计算得到，本部分 MS-VAR 模型使用的是 2003 年第一季度至 2020 年第四季度的季度数据，FSI 高频到低频的转换通过取平均值实现，地方政府负债率（$Debt$）从年度转换为季度数据，采用三次样条插值法进行插值得到。经济增长率即 GDP 增长率通过先采用 X12 方法对 GDP 序列进行季节调整，再取自然对数并差分计算得到。

2. MS-VAR 模型具体形式的确定

在构建 MS-VAR 模型前，需要对数据进行平稳性检验，本书使用 Eviews10 软件来对相关数据序列进行单位根检验，检验结果如表 5-4 所示。经检验，债务率与 GDP 增长率均不平稳，FSI 在 1% 显著性水平上平稳，经一阶差分后，债务率（$Ddebt$）与 GDP 增长率（$Dlngdp$）分别在 5% 和 1% 的显著性水平上平稳。随后本书对各变量做了格兰杰因果检验，最终结果为 FSI 是债务率和 GDP 增长率的格兰杰原因，反之不是，说明金融压力会对负债水平和经济增长造成影响，反之无法构成影响。债务率和 GDP 增长率互不为格兰杰因果。

表 5 - 4　　　　　　　　　　　　变量平稳性检验

变量	检验形式	T 统计量（C，T，P）	ADF 检验 P 值	结论
FSI	(C，T，0)	-4.903691	0.0008	平稳
Debt	(C，T，1)	-1.183983	0.2406	不平稳
lngdp	(C，T，1)	-0.976671	0.3321	不平稳
Ddebt	(C，T，1)	-3.816027	0.0214	平稳
Dlngdp	(C，T，0)	-9.593837	0.0000	平稳

注：在检验形式（C，T，P）中，C 表示存在常数项，T 表示存在时间趋势项，P 表示滞后阶数。

随后便可进行 MS - VAR 模型的构建，由于在实证研究中，并非所有参数都随区制状态的变化而变化，所以 MS - VAR 有多种形态，需一一确定。首先确定最优滞后阶数，本书先对所有变量做普通 VAR 处理，再通过 LR、FPE、AIC、SC、HQ 等信息准则确定最优滞后阶数。其次，判断模型参数是否依赖区制状态的变化，MS - VAR 模型的参数大致分为以下几类：I - 表示截距项状态依赖、A - 表示自回归参数状态依赖、H - 表示残差标准差状态依赖、M - 表示均值状态依赖，故 MS - VAR 模型的具体形式有 MSI - VAR、MSM - VAR、MSA - VAR、MSH - VAR、MSIA - VAR、MSIAH - VAR 等。本书试验后发现截距项状态依赖的这一类模型更符合要求，最终根据对数似然值、AIC、SC、HQ、LR 线性检验确定下文模型为 MSIAH（3）- VAR（2），其中，LR 线性检验未通过表示存在非线性效应，将区制数确定为 3 是因为经试验发现，相对于二区制模型来说，三区制模型分区更明显。

3. 金融压力区制划分及区制转移概率

本书使用 Givewin2.30 平台的 Oxmetrics 软件对模型进行极大似然估计，估计后的结果如图 5 - 4 所示。从图中可以看出，我国金融压力与宏观经济的关系有着较为明显的三区制特征，其中，区制 1 大致包含了 2006 年、2019 年以及这期间的个别季度，呈现为金融压力较低、债务率和GDP 增长率波动较为平稳的状态。区制 2 大概涵盖了 2003～2004 年、2009 年、2010 年、2012 年、2014～2015 年以及其他个别季度，呈现出金融压力上升、债务率和 GDP 增长率波动增加的状态。处于区制 3 的时间

段主要有 2007~2008 年、2011 年、2013 年、2017~2018 年以及个别其他
季度，这期间呈现出金融压力攀升、债务率和 GDP 增长率波动明显加剧
的状态。由此可见，区制 1 至区制 3 的划分分别对应着低、中、高金融压
力状态，且整体而言，位于区制 2 的时间最多，这表明我国金融压力大多
时候处于中风险状态。

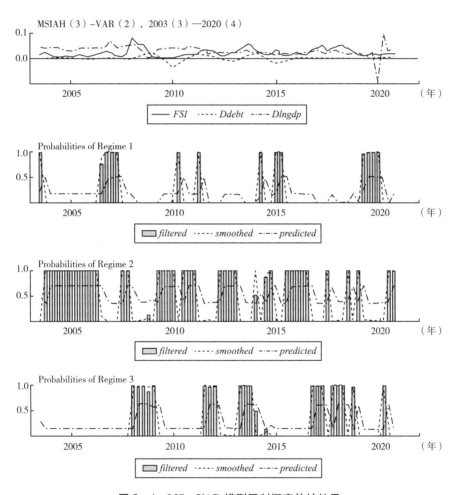

图 5-4　MS-VAR 模型区制概率估计结果

具体的区制时间划分如表 5-5 所示。

表 5 - 5   区制时间划分

Regime1：低压力	Regime2：中压力	Regime3：高压力
2006q2 – 2007q1	2003q3 – 2006q1	2007q4 – 2008q4
2010q1	2007q2 – 2007q3	2011q2 – 2011q4
2011q1	2009q1 – 2009q4	2013q1 – 2013q3
2014q1	2010q2 – 2010q4	2016q3 – 2017q1
2014q4 – 2015q1	2012q1 – 2012q4、2013q4	2017q3 – 2018q1
2019q1 – 2019q4	2014q2 – 2014q3	2018q3
	2015q2 – 2016q2	2020q1
	2017q2、2018q2、2018q4	
	2020q2 – 2020q3	

　　表 5 - 6 报告了不同区制间的转换概率，从表 5 - 6 可知，各区制维持在本区制的概率是最大的，这说明金融系统具有一定的稳定性。区制 1 过渡到区制 2 的概率为 0.3419，过渡到区制 3 的概率为 0.1441，区制 3 过渡到区制 2 的概率为 0.3702，过渡到区制 1 的概率为 2.316e – 006，这表明相邻区制的过渡较为容易，从高压力的区制 3 转向低压力的区制 1 需要区制 2 来过渡。同时，可以观察到区制 2 过渡到区制 1 的概率 0.1703 和区制 2 过渡到区制 3 的概率 0.1372 都较低，说明系统对中压力状态的黏性较高，一旦进入，维持在区制 2 的概率较大。在低、中、高压力状态下，整体而言，处于中高压力的样本数较多，分别为 37.1 和 19.0，各自占比53.84%、18.87%，均高于低压力的样本数 13.9（占比为 27.29%），同时处于中高压力的持续期也较长，说明自 2003 年以来，我国处于中高金融压力的时间段较多，尤其是中压力时期较长，表明仍需警惕我国金融风险的异常波动，防范系统性金融风险的发生。

表 5 - 6   不同区制间的转换概率与性质

区制	Regime1	Regime2	Regime3	压力状况	样本数	频率	持续期
Regime1	0.5140	0.3419	0.1441	低压力	13.9	0.1887	2.06
Regime2	0.1703	0.6925	0.1372	中压力	37.1	0.5384	3.25
Regime3	2.316e – 006	0.3702	0.6298	高压力	19.0	0.2729	2.70

4. 参数估计结果分析

　　根据构建的 MSIAH（3）– VAR（2）模型，采用 EM 算法估计后得到的结果如表 5-7、表 5-8 和表 5-9 所示，为便于分析，本书将其分区制呈现。

表 5-7 呈现了区制 1 的估计结果。在 FSI 的回归模型中，滞后 1 期与滞后 2 期的债务率系数由显著为负转变为显著为正，说明债务率对金融压力存在显著的正向作用，且该作用存在一定的滞后性，滞后 1 期与滞后 2 期的 GDP 增长率系数由显著为负转变为显著为正，但都较小，表明若经济过热，也会造成金融压力升高。从 Ddebt 和 Dlngdp 的回归模型来看，滞后 1 期和滞后 2 期的金融压力对债务率的影响从显著为负转变为显著为正，但系数都十分小，表明当金融压力升高时债务率也会有小幅增长，滞后 1 期和滞后 2 期的金融压力对 GDP 增长率的影响虽然均为正向作用，但都较不显著，且滞后 2 期的系数较小。从整体来看，在低压力状态下，我国金融压力与宏观经济之间的关系都较为显著。

表 5-7　　　MSIAH（3）-VAR（2）模型 Regime1 参数估计结果

变量	FSI	Ddebt	Dlngdp
Const	0.005748 ***	0.002831 ***	-0.078451 ***
FSI_1	0.701999 ***	-0.107679 ***	1.311988 *
FSI_2	-0.755373 ***	0.108285 ***	0.400278
Ddebt_1	-1.069651 ***	1.632588 ***	0.509164
Ddebt_2	2.712619 ***	-1.520719 ***	-1.893976
Dlngdp_1	-0.470831 ***	0.042925 **	-1.398033 ***
Dlngdp_2	0.987664 ***	-0.188596 ***	3.637343 ***
SE	0.002111	0.000747	0.018472

注：***、**、*分别表示在 1%、5%、10% 的置信水平下显著。

表 5-8 呈现了区制二的估计结果。在 FSI 的回归模型中，滞后 1 期与滞后 2 期的债务率系数由显著为正转为不显著为负，滞后 1 期与滞后 2 期的 GDP 增长率系数均显著为负，且都较小。说明债务率升高会加大金融系统压力，增大系统性金融风险；而 GDP 增长率的提高有助于减少系统性金融风险。在 Ddebt 和 Dlngdp 的回归模型中，当滞后 1 期和滞后 2 期的金融压力增加时，债务率的变化由显著为正转为不显著为负，GDP 增长率

的变化由显著为负转为不显著为负，说明系统性金融风险上升，会增大地方政府债务风险，降低 GDP 增长率。以上分析表明，从整体来看，在中压力状态下，地方政府债务风险与金融压力之间表现为以正向关系为主，GDP 增长率与金融压力则互为反向关系。中压力时期主要位于欧债危机后、股灾、新冠疫情等时间段，在该阶段宏观经济面临的冲击没有高压力时期大。

表 5 - 8 　　　MSIAH（3）－ VAR（2）模型 Regime2 参数估计结果

变量	FSI	Ddebt	Dlngdp
Const	0.008522 **	- 0.005144 ***	0.023226 ***
FSI_1	0.561750 ***	0.099668 ***	- 0.249489 **
FSI_2	- 0.178495	- 0.015846	- 0.221245
Ddebt_1	0.135466 **	1.605316 ***	0.576342 ***
Ddebt_2	- 0.174181	- 0.897389 ***	- 0.169116
Dlngdp_1	- 0.036484 **	0.070615 ***	0.337866 ***
Dlngdp_2	- 0.004710 *	0.025017 ***	0.202088 ***
SE	0.005311	0.001259	0.006297

注：*** 、** 、* 分别表示在1%、5%、10%的置信水平下显著。

　　表 5 - 9 呈现了区制三的估计结果。从 FSI 的回归模型可知，滞后 1 期和滞后 2 期的债务率对金融压力的影响由正转为显著为负，滞后 1 期和滞后 2 期的 GDP 增长率对金融压力的影响一直显著为正，表明经济过热会引发金融压力上升，且在经济过热阶段，债务率的上升反而会使金融压力有所下降。在 *Ddebt* 和 *Dlngdp* 的回归模型中，滞后 1 期和滞后 2 期的金融压力与债务率的关系为不显著为正，且系数非常小，与 GDP 增长率的关系由不显著为负转为显著为负，表明金融压力的上升会抑制经济增长。在中国经济高压力阶段，可以看到我国金融压力与宏观经济的关联性显著增强，这是由于高压力时期大多位于次贷危机、欧债危机、银行业"钱荒"和中美贸易战爆发的时间段，我国经济受到各种危机的冲击，宏观经济的变化又进一步导致金融压力的升高，两者相互作用，关联性显著增强。

表 5 – 9　　MSIAH（3）– VAR（2）模型 Regime3 参数估计结果

变量	FSI	Ddebt	Dlngdp
Const	0.029127 ***	– 0.000139	0.036078 ***
*FSI*_1	– 0.081069	0.031223	– 0.002354
*FSI*_2	– 0.081611	0.008080	– 0.377212 **
*Ddebt*_1	0.204853	1.577645 ***	– 1.163517
*Ddebt*_2	– 1.445868 **	– 0.944123 ***	0.284710
*Dlngdp*_1	0.248970 ***	0.004672	– 0.508610 ***
*Dlngdp*_2	0.437818 **	0.033723	0.658747 ***
SE	0.009446	0.001411	0.010649

注：***、**、*分别表示在1%、5%、10%的置信水平下显著。

5.3　全国层面地方政府债务对系统性金融风险的影响

5.3.1　基本回归分析：对模型假设的简单检验

1. 模型设计

基本回归分析可直观检验地方政府债务风险变动对系统性金融风险的影响，本书首先基于式（5 – 11）进行简单线性回归检验。

$$FSI_t = \alpha + \beta Ddebt_t + \gamma X_t + \varepsilon_t \qquad (5-11)$$

以上文的金融压力指数 *FSI* 代表系统性金融风险，作为因变量，*FSI* 越大，则系统性金融风险越大。以地方政府债务率 *Ddebt* 代表地方政府债务风险，作为自变量，*Ddebt* 越大，地方政府债务风险越大。*X* 代表控制变量，ε 为随机误差项。

2. 变量选择及描述性统计

与上文相同，式中系统性金融风险 *FSI* 从高频到低频的转换通过取平均值实现，地方政府债务率（*Ddebt*）从年度转换为季度数据，采用三次样条插值法进行插值[①]并一阶差分得到。由于系统性金融风险的影响因素

---

① 线性插值法由 Eviews10 实现。

既有宏观层面的，也有微观层面的，因此，根据前面理论分析，本书从宏观和微观两个角度选择控制变量，其中微观层面的控制变量包括居民杠杆率（$Reslev$）、企业杠杆率（$Entlev$）、金融杠杆率（$Finlev$）；宏观经济层面的控制变量包括 GDP 对数增长率、通货膨胀率 CPI 指数。理论上，居民杠杆率、企业杠杆率、金融杠杆率的提高，会增大违约风险，抬高系统性金融风险。控制变量数据均来自 Wind 数据库。

本书选取数据为季度数据，时间范围为 2003 年第一季度到 2020 年第四季度，共计 72 个样本点。各主要变量的含义和描述性统计如表 5 - 10 所示。

表 5 - 10 变量描述性统计

变量符号	样本数	平均值	标准差	中位数	最小值	最大值
FSI	72	0.206	0.160	0.160	0.00500	0.810
$Ddebt$	72	0.0004	0.0101	0.0016	− 0.0343	0.0238
$Reslev$	72	0.323	0.144	0.280	0.150	0.620
$Entlev$	72	1.282	0.236	1.220	0.950	1.650
$Finlev$	72	0.461	0.179	0.500	0.210	0.780
$Dlngdp$	72	0.0297	0.0215	0.0278	− 0.0970	0.0980
CPI	72	0.0257	0.0186	0.0220	− 0.0153	0.0803

资料来源：Wind 数据库等。

3. 回归结果

回归结果见表 5 - 11。

表 5 - 11 基准回归结果

变量	(1)	(2)	(3)	(4)	(5)	(6)
	fsi	fsi	fsi	fsi	fsi	fsi
$ddebt$	4.9687 *** (1.8154)	4.8610 *** (1.8134)	4.8183 ** (1.8384)	3.9053 ** (1.6096)	3.5615 ** (1.6073)	3.8117 ** (1.6192)
$reslev$		0.1508 (0.1300)	0.2328 (0.4286)	1.7115 *** (0.4838)	1.3008 ** (0.5454)	1.3425 ** (0.5456)

续表

变量	（1）	（2）	（3）	（4）	（5）	（6）
	fsi	fsi	fsi	fsi	fsi	fsi
entlev			0.0517 （0.2572）	2.0251 *** （0.4686）	1.6055 *** （0.5351）	1.6362 *** （0.5346）
finlev				1.5660 *** （0.3268）	1.3524 *** （0.3507）	1.4001 *** （0.3525）
cpi					1.6224 （1.0336）	1.5387 （1.0341）
dlngdp						－ 0.8960 * （0.7934）
_cons	0.2046 *** （0.0182）	0.1566 *** （0.0452）	0.1964 （0.2036）	1.5249 *** （0.3289）	1.1762 *** （0.3939）	1.1555 *** （0.3935）
N	72	72	72	72	72	72
R²	0.0967	0.1139	0.1145	0.3405	0.3643	0.3765
F	7.4908	4.4365	2.9300	8.6492	7.5634	6.5417

注：***、**、*分别表示在1%、5%和10%的水平下显著。

表 5 – 11 报告了基准回归结果，模型（1）至模型（6）考察的是在逐步加入控制变量的情况下，地方政府债务对系统性金融风险的影响。结果显示：第（1）列仅以地方政府债务对系统性金融风险进行简单 OLS 回归，估计系数为 4.9687，在 1% 统计水平上显著为正；第（2）~（6）列在简单回归基础上增加控制变量，仍支持地方政府债务对系统性金融风险的正向影响。这表明地方政府债务风险显著地提升了系统性金融风险，说明地方政府债务风险的确是解释系统性金融风险的核心变量。假说 1 得到证实。

此外，控制变量企业杠杆率、金融杠杆率和居民杠杆率的估计系数均为正向，其中，企业杠杆率、金融杠杆率的估计系数在 1% 统计水平上显著为正，这与前文的理论分析结论是一致的。

5.3.2 时变特征：基于 TVP – VAR 模型

在地方政府债务对系统性金融风险影响的过程中，影响关系可能会随时间变化而改变。而 SVAR 模型的回归系数和波动性都是常数，无法描述参数随时间的变动情况。国外学者提出了时变向量自回归 TVP – VAR 模型，其 VAR 系数、方差和截距可以随时间变动，并具随机波动特征，能够刻画系统所有时间点变量之间的变动关系和脉冲响应路径（Primiceri，2005）。考虑到地方政府债务风险、系统性金融风险与宏观经济之间存在密切关联，本书将进一步运用 TVP – VAR 模型研究地方政府债务与系统性金融风险和经济增长相互影响的时变特征。

1. 模型设定及变量选取

我们选取前文的 3 个变量即地方政府债务风险 *Ddebt*、系统性金融风险 *FSI* 和经济增长 *Dlngdp*，构建兼具时变和随机波动特征的 TVP – VAR 模型。

TVP – VAR 模型可表述为：

$$y_t = X_t \beta_t + A_t^{-1} \sum\nolimits_t \varepsilon_t , \qquad \varepsilon_t \sim N(0, I_k) , \ t = s+1, \cdots, n$$

其中，y_t 为 $k \times 1$ 阶列向量构成的被解释变量，k 为待考察变量的数量；β_t 为 $k^2 s \times 1$ 阶的时变系数向量；$X_t = I_k \otimes (y'_{t-1}, \cdots, y'_{t-s})$，$I_k$ 为单位矩阵，$\otimes$ 为克罗内克乘积；A_t 为描述同步结构冲击的下三角矩阵；$\sum\nolimits_t = diag(\sigma_{1t}, \cdots, \sigma_{kt})$，$\sigma$ 为标准差；ε_t 为服从正态分布的随机扰动项；t 为期数，s 为滞后期数，n 为总期数。

假定该模型中所有参数服从随机过程，新息 ε_t、γ_t、ν_t、σ_t 均服从正态分布，即

$$\beta_t = \beta_{t-1} + \gamma_t$$
$$a_t = a_{t-1} + \nu_t$$
$$h_t = h_{t-1} + \sigma_t$$

$$\begin{pmatrix} \varepsilon_t \\ \gamma_t \\ \nu_t \\ \sigma_t \end{pmatrix} \sim N(0, V) , \quad V = \begin{pmatrix} I_K & & & \\ & \sum_\gamma & & \\ & & \sum_\nu & \\ & & & \sum_\sigma \end{pmatrix}$$

$\sum_{\gamma}$ $\sum_{\nu}$ $\sum_{\sigma}$ 分别为 γ_t、ν_t、σ_t 的协方差矩阵。

2. 时变参数估计与检验

本书借鉴其他学者（Nakajima，2011）的做法，采用基于贝叶斯概率的马尔科夫链蒙特卡罗（MCMC）方法，对 TVP – VAR 模型参数进行抽样估计，滞后期为 2 期，在进行 MCMC 模拟时，对参数赋予的初始值为：$\gamma_0 = \nu_0 = \sigma_0 = 0$，$\sum_{\gamma 0} = \sum_{\nu 0} = \sum_{\sigma 0} = 4 \times I$，$(\sum_{\gamma})_i^{-2} \sim Gamma(10,0.01)$，$(\sum_{\nu})_i^{-2} \sim Gamma(2,0.01)$，$(\sum_{\sigma})_i^{-2} \sim Gamma(2,0.01)$。MCMC 抽样次数为 10 000 次，使用的软件为 Oxmetrics。

基于上述处理，得到模型抽样估计的自相关系数、参数取值变动路径以及后验分布密度函数信息，如图 5 – 5 所示。

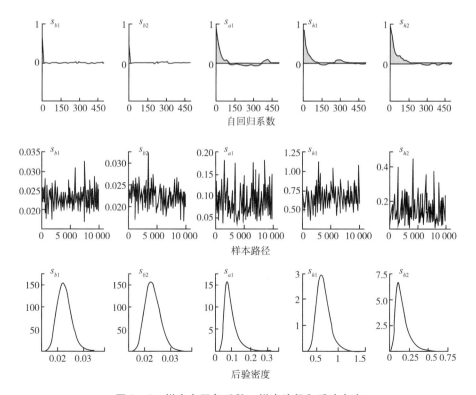

图 5 – 5　样本自回归系数、样本路径和后验密度

由图 5 – 5 可见，预烧后的样本自相关系数趋于 0 且变动路径平稳，

即 MCMC 抽样有效，得到的不相关样本能用于模型估计。具体后验结果及参数有效性检验结果如表 5 - 12 所示。

表 5 - 12　　　　　　　　　TVP - VAR 模型参数估计结果

参数	均值	标准差	95% 置信区间	Geweke	非有效性因子
sb1	0.0228	0.0026	[0.0183, 0.0285]	0.1	5.07
sb2	0.0225	0.0025	[0.0182, 0.0281]	0.011	4.31
sa1	0.0857	0.0364	[0.0427, 0.1785]	0.942	37.45
sh1	0.6676	0.1463	[0.441, 1.0066]	0.076	40.72
sh2	0.1556	0.0774	[0.0589, 0.3526]	0.906	60.28

表 5 - 12 给出的是 TVP - VAR 模型参数估计结果，从结果来看，参数的后验均值均在 95% 的置信区间之内，Geweke 收敛检验显示各参数的 Geweke 值均小于 1.96（5% 显著性水平对应的分位数），因此不能拒绝样本数据收敛于后验分布的原假设，模型中参数估计值的非有效因子都小于 70，说明本书 TVP - VAR 模型参数的 MCMC 抽样估计有效。因此，总体来看，模型的拟合效果较好，可以进一步分析时变脉冲响应函数。

3. 参数时变特征分析

图 5 -6 给出了 TVP - VAR 方法估计所得地方政府债务变量与系统性金融风险、经济增长率的时变影响参数。

结果显示，（1）地方政府债务率对系统性金融风险的影响参数始终为正，且整个样本区间（2003 ~ 2020 年）保持稳定，说明地方政府债务风险会抬高系统性金融风险。（2）地方政府债务风险对经济增长的影响参数在 2015 年以前为负，但是系数较小，2015 年后参数由负变正，随后缓慢上升并保持相对稳定。这可能与 2015 年实施的新预算法对地方政府举债行为进行了规范，地方债务增长机制发生了变化，债务规模的扩张速度得到一定的控制有关。说明适度的债务率一定程度上有助于经济增长。（3）系统性金融风险对经济增长的影响参数始终为负，但是参数变化强度有所不同，2010 年开始负向影响增大，至 2015 年达到顶峰，此后负向影响明显变小，并趋于零。这与我国政府为应对全球金融危机 2009 年出台了四万亿投资政策，造成 2010 ~ 2014 年地方政府债务急剧扩张，系统性金融风险压力剧增的背景相吻合。

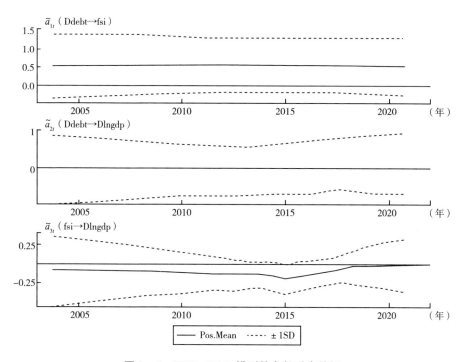

图5-6　TVP-VAR 模型的参数时变特征

4. 时变脉冲响应分析

图5-7刻画了各经济变量在提前1期（1个季度）、2期（半年）、4期（1年），在1%正向偏离冲击下的时变脉冲响应路径。

首先，不同提前期地方政府债务冲击对系统性金融风险均存在长期持续的正向影响，但是长期冲击的影响明显低于短期和中期，说明地方政府债务风险对系统性金融风险的短期影响更大。

其次，不同提前期地方政府债务冲击对 GDP 增长率的影响存在明显差异，短期和中期影响为正，但长期影响为负。说明地方政府债务率增加在中短期内能促进经济增长，但从长期看对经济增长有负面影响。

再次，不同提前期系统性金融风险冲击对地方政府债务的影响均为正，正向影响短期内急剧扩大，且持续期较长。说明系统性金融风险的上升会加大地方政府债务风险。

最后，不同提前期系统性金融风险冲击对经济增长的影响均为负，中期的负向影响明显大于短期和长期，且持续期较长，后期缓慢减弱。说明

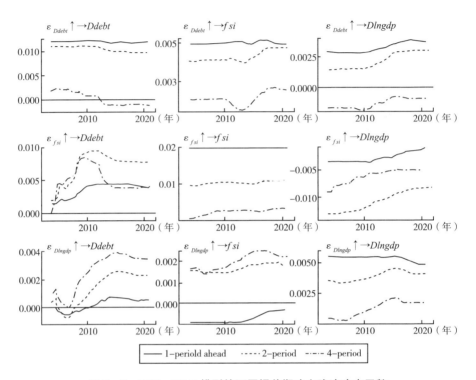

图 5 - 7   TVP - VAR 模型的不同提前期冲击脉冲响应函数

系统性金融风险对宏观经济增长有明显的负向影响。

进一步根据前文 MS - VAR 模型的区制划分结果，从高、中、低三个不同风险区制中分别选择有代表性的时间点，比较不同区制下三个变量之间风险传导效应的特点。低风险区制选择的时间点是 2006 年第三季度，此时我国经济处于金融危机前的平稳发展阶段，高风险区制选择的时间点是 2008 年第三季度，在此期间由于受美国金融危机爆发的影响，我国金融市场风险达到最高；中风险区制选择的时间点是 2012 年第三季度，此时我国经济处于金融危机后的调整恢复阶段。三个时间点的时变脉冲响应函数结果如图 5 - 8 所示。

从图 5 - 8 可以得到以下结论。

（1）地方政府债务风险冲击对系统性金融风险会产生正向的传导效应。在三个不同风险区制时间点，一个单位的地方政府债务正向冲击引起 *FSI* 的脉冲响应在第 0 期均为正，随后在第 2 期达到峰值后逐渐减小，到

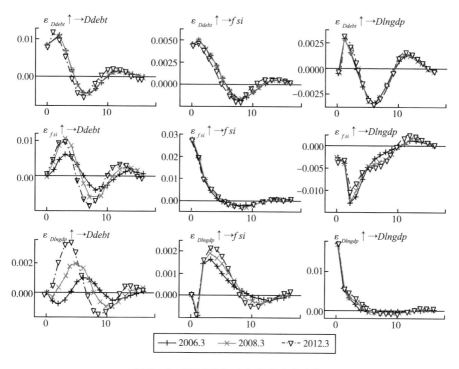

图5-8 不同时点时变脉冲响应路径

第6期由正变负，并逐渐趋于0。不同风险区制内地方政府债务冲击对于 *FSI* 传导效应的方向均一致，脉冲响应函数的走势基本相同。从传导效应大小看，高风险区制（2008年第三季度）和中风险区制（2012年第三季度）*FSI* 对于 *Ddebt* 冲击的响应点略高于低风险区制（2006年第三季度），但总体看，传导效应的强度比较接近。

（2）系统性金融风险冲击对经济增长会产生负向的传导效应。在三个不同风险区制时间点，一个单位的系统性金融风险正向冲击引起经济增长变动的脉冲响应在第0期均为负。短期内，负向响应急剧增强，在滞后2期左右达到负向响应的最大值，之后中长期内有所减弱，至第10期由负转正，并逐渐趋于0。系统性金融风险冲击在不同风险区制内对于经济增长的传导方向大致相同，脉冲响应函数的走势基本一致，传导效应的强度比较接近。

（3）系统性金融风险冲击对地方政府债务风险的传导效应以正向为

主，并且存在时滞。在三个不同风险区制时间点，一个单位的系统性金融风险正向冲击引起地方政府债务风险变动的脉冲响应从第一期的 0 快速上升，至第 3 期达到峰值后逐步减弱。不同区制内系统性金融风险冲击对于地方政府债务风险的传导效应以正向为主，脉冲响应函数的走势也基本一致，但传导效应的强度略有不同，高风险区制（2008 年第三季度）和中风险区制（2012 年第三季度）系统性金融风险冲击对地方政府债务风险的正向传导效应稍强，低风险区制（2006 年第三季度）系统性金融风险冲击对地方政府债务风险的正向传导效应稍弱。

第6章 地方政府债务影响系统性金融风险的实证分析——省级层面

6.1 省级层面地方政府债务风险的测度

广义的地方债概念，不仅包含显性地方债，即地方政府负有偿还责任的债务，也包含隐性债务，即地方政府负有担保和救助责任的债务。本书针对省级层面的实证分析，采用第二种估算方法即按显性债务与隐性债务的分类，对广义地方政府债务规模进行测算。

6.1.1 地方政府债务规模的计算

地方债务的数据获取难度较大，尤其是分省份数据缺乏。2010年我国首次对地方债进行摸底审查，此前省级数据缺失，因此本书的样本期选取了2010~2019年，借鉴已有文献（毛捷，2019），按照显性债务与隐性债务的类型（见表6-1）进行地方政府债务的估算。

表6-1 地方政府债务分类

债务类型	债务范围
显性债务	有价证券余额
	国债转贷收入
	地方政府债券余额

续表

债务类型	债务范围
显性债务	其他债务净余额
隐性债务	地方国有企业的国有债务总额
	地方融资平台发行的城投债余额

资料来源：毛捷，徐军伟．中国地方政府债务问题研究的现实基础——制度变迁、统计方法与重要事实 [J]．财政研究，2019（1）：3-23．

　　地方债务规模用当年地方政府债务余额表示，由于有价证券余额和其他债务在 1998 年和 2001 年后不再进行统计，所以本书采用如下统计口径。[①]

$$\text{地方政务}\atop\text{债务余额} = \text{地方政府}\atop\text{债券余额} + \text{地方国债}\atop\text{转贷收入} + \text{地方国有企业}\atop\text{国有债务总额} + \text{地方城投债}\atop\text{余额}$$

其中，地方政府债券余额、地方国债转贷收入均可从《中国财政年鉴》或财政部网站直接获得，其他数据来自历年《中国财政年鉴》、中国债券信息网、和讯债券、财政部网站以及中国货币网等公布的相关信息。计算得到 2010～2019 年各省地方政府债务余额数据，进一步将各省数据加总后可以得到各年全国地方债务余额。

　　为验证本书得到数据的合理性和可用性，我们通过加总各地债务余额得到了样本区间内全国地方债务余额（见表 6-2），并与审计署公布的几个特殊时间节点的债务数据进行了对比。2011 年审计结果显示，2010 年底我国地方债务余额（含担保、救助责任）为 10.7 万亿元，2014 年底我国地方债务余额（含担保、救助责任）为 24 万亿元，而我们测算得到的地方政府债务数据是 2010 年 11.41 万亿元和 24.22 万亿元，跟审计署公布的数据非常接近，表明本书的测算数据具有合理性。

表 6-2　　2010～2019 年全国地方政府债务余额（各省数据加总）　　单位：万亿元

地方政府债务余额	2010 年	2011 年	2012 年	2013 年	2014 年	2015 年	2016 年	2017 年	2018 年	2019 年
	11.41	14.22	16.99	19.62	24.33	24.46	26.09	28.24	31.21	35.52

资料来源：《中国财政年鉴》、中国债券信息网、和讯债券、财政部网站以及中国货币网等。

---

① 以上变量均为本年年末值。

6.1.2 债务风险的评价——基于 CCA 模型

考虑到我国在较长一段时间内没有公开准确的省级地方政府债务数据，CCA 模型具有所需历史时序数据较少并且可以避开对违约数据要求的特点，能满足省级地方政府债务违约风险评估的需要。本书运用未定权益分析 CCA 方法，构建 CCA 模型，通过测算地方政府债务违约距离来衡量地方政府债务风险。

1. 模型构建

本书运用 CCA 模型研究政府债务分析的基本思路如下。

将地方政府债务视为以地方偿债能力为基础的看涨期权，当债务到期时，地方政府可偿债资金足以还本付息，那么便执行该"期权"，地方政府将能够偿还债务，避免债务违约；反之，地方政府的可偿债资金不足以偿还本息时，放弃执行该"期权"，地方政府发生债务违约。

同样需要假定地方政府的可偿债资金是满足的某一特定分布的随机游走过程，即：

$$A_t = f(Z_t) \tag{6-1}$$

其中，A_t 为 t 时刻地方政府可偿债资金，Z_t 为随机变量，$f(Z_t)$ 为 A_t 的特定函数。当到地方政府债还本付息日（T）时，如果地方政府可偿债资金 A_t 小于当期还本付息额 B_t，此时认定发生债务违约。此时地方政府债务违约用公式可以表示为：$A_t < B_t$。

若上述的债务违约的概率用 ρ 表示，则有

$$\rho = P[A_t < B_t] = P[f(Z_t) < B_t] = P[Z_t < f^{-1}(B_t)] \tag{6-2}$$

在式（6-2）中，当 Z_t 为标准正态分布 $N(0,1)$ 时，其可简写为

$$\rho = P[Z_t < f^{-1}(B_t)] = N[f^{-1}(B_t)] \tag{6-3}$$

定义 $DD = -f^{-1}(B_t)$，DD 被称为违约距离，代入式（6-3）有 $\rho = N(-DD)$，再假定地方政府可偿债资金 A_t 服从式（6-4）中的随机过程：

$$dA_t = \mu A_t d_t + \sigma A dz_t \tag{6-4}$$

其中，σ 为地方政府可可偿债资金的波动率，μ 为地方政府可可偿债资金的瞬时增长率，dz_t 为维纳过程（布朗运动）的独立增量，再令 $t=0$，此时 $A_0 = A$，由式（6-4）得，当 $t>0$ 时，地方政府可可偿债资金表示为：

$$A_t = A\exp\left\{\left(\mu - \frac{1}{2}\sigma^2\right)t + \sigma\sqrt{t}Z_t\right\} \tag{6-5}$$

式（6-5）中 Z_t 为标准正态分布 $N(0,1)$，因此地方政府可偿债资金服从对数正态分布，其均值 E 和方差 Var 分别为：

$$E[\ln A_t] = \ln A + \mu_t - \frac{1}{2}\sigma^2 \tag{6-6}$$

$$Var[\ln A_t] = \sigma^2 t \tag{6-7}$$

在实际计算过程中，还本付息的时间间隔为 $t=1$，即估计一年以后的违约概率，将式（6-5）代入式（5-7）得到：

$$A_t = A\exp\left\{\left(\mu - \frac{1}{2}\sigma^2\right) + \sigma Z_t\right\} \tag{6-8}$$

$$\sigma = \sqrt{\frac{1}{n-2}\sum_{i=1}^{n-1}\left(\ln\frac{A_{t+1}}{A_t} - \frac{1}{n-1}\sum_{i=1}^{n-1}\ln\frac{A_{t+1}}{A_t}\right)^2} \tag{6-9}$$

由于地方政府可偿债资金的对数服从正态分布，因此此时违约距离（DD）与违约概率（ρ）分别为：

$$DD = \left(\ln\left(\frac{A}{B_t}\right) + \mu T - \frac{1}{2}\sigma^2\right) \Big/ \sigma\sqrt{T} \tag{6-10}$$

$$\rho = N[1 - DD] \tag{6-11}$$

2. 地方政府可偿债资金的计算

首先需要确定地方政府可偿债资金。随着一系列地方政府债务管理新政策[①]颁布，地方政府债务的运作模式发生了一些变化，如地方政府债券自主发行和自主偿还模式、一般债务和专项债务的划分、存量债务置换、债务重组等，并且强调了一般债务对应的还款来源应该是地方一般公共预

[①] 《中华人民共和国预算法》（2014）赋予了地方适度举债权，同时强调严格债务管理，防范债务风险。及后续《国务院关于加强地方政府性债务管理的意见》（2014）指出，地方政府对其举借的债务负有偿还责任，中央政府实行不救助原则。

算收入，专项债务对应的还款来源应该是地方政府性基金收入，强调了地方政府债务中央不兜底原则，未来地方政府有可能会通过寻求更多资产处置变现的手段来解决自身债务问题。因此，本书借鉴洪源（2018）的做法，将一般公共预算中的财政可担保收入、基金性预算中的基金可偿债收入以及可流动性国有资产变现部分，作为我国地方政府偿债能力的三类来源。

（1）财政可担保收入的计算。针对地方政府可担保收入，政府一般公共预算收入中的很大一部分要用于保障性支出（刚性支出），以维持政府职能机构和社会经济正常运作，只有扣除这部分刚性支出，剩余部分才可以作为地方政府的可担保收入用于还本付息，即

$$财政可担保收入 = 一般公共预算收入 \times (1 - 刚性支出)$$

本书借鉴刘慧婷（2016）的做法，根据券商研究所发布的评级手册[①]，按照各省份的评级结果，每一个等级的地方政府可担保收入与其一般公共预算收入对应一个固定的比例，从而可以计算得到财政可担保收入。

上述各省（自治区、直辖市）的一般公共预算收入数据来源于国家统计局和 CSMAR 数据库。

（2）基金可偿债收入的计算。自 2007 年起国有土地使用权出让收入纳入政府基金性预算以来，国有土地使用权出让收入占据地方政府性基金收入的绝大部分，平均达到了 85%（刁伟涛，2017）。本书假设地方政府性基金收入中可偿债比例与国有土地使用权出让收入可支配比例相同。根据财政部公布的数据，2011~2015 年，国有土地使用权出让收入中最大的支出为征地拆迁成本支出，其比例稳定在 80% 左右，这部分可以理解为政府性基金的刚性支出。借鉴洪源（2018）的做法，最高可偿债政府性基金收入 = 政府性基金收入 ×20%；而保守情况为：可偿债政府性基金收入 = 政府性基金收入 ×10%。

上述各省（自治区、直辖市）的政府性基金收入，国有土地使用权出让收入数据来源于地方财政决算报告和 Wind 数据库。

（3）可流动性国有资产变现部分的计算。可流动性国有资产是指可以

---

① 国泰君安债券研究所发布的《中国地方政府评级报告》（2018）。

变现的或具有偿债能力的国有资产，我国地方政府拥有的三类国有资产（包括经营性、非经营性和资源性国有资产）中，只有经营性国有资产才能真正变现、构成地方政府的偿债能力。国有企业经过改制现在大多都是混合，在此假定地方政府持有企业50%的股权。因此，参照洪源（2018）的做法，可以得到：

$$\text{可流动性国有资产最大变现额度} = \text{地方国有企业国有资产总额} \times \left(1 - \text{国有企业资产负债率}\right) \times \text{平均市净率} \times 50\%$$

$$\text{可流动性国有资产保守变现额度} = \text{地方国有企业国有资产总额} \times \left(1 - \text{国有企业资产负债率}\right) \times \text{平均市净率} \times 25\%$$

市净率选择2010~2019年中证国企指数平均市净率，上述各省（自治区、直辖市）的地方国有企业国有资产总额和资产负债率，中证指数市净率数据来源于《中国财政年鉴》和Wind数据库。

3. 违约点的确定

因为地方政府债务在到期时需要还本付息，所以违约点DPT就应该是债券到期时向投资者支付的本金和利息。

可根据式（6-12）测算地方政府债务每年偿还本息规模 B_t：

$$B_t = r_t \sum B_m + (1 + r_t) B_{mt} \tag{6-12}$$

在式（6-12）中，r_t 为政府债务的票面平均利率，$\sum B_m$ 为当期未到期的政府债务余额，B_{mt} 为当期到期的政府债务本金。当期到期政府债务本金利用平均还款期限平滑处理。而根据财政部近期发布的数据，① r_t 取3.51%，平均还款期限6.9年。

4. 地方政府债务违约距离的计算

通过CCA模型计算得到地方政府债务的违约距离可作为地方政府债务风险指标，其中，指数越大表示违约距离越大则违约概率越小，即地方政府债务风险越小。排除掉数据缺失的省份和地区（西藏和港澳台地区），获得了2011~2019年的地方政府债务风险指标。

---

① 根据财政部在2020年12月末发布的情况，全国地方政府债务余额256 615亿元，其中一般债务127 395亿元，专项债务129 220亿元；债务形式包括政府债券254 864亿元和非政府债券形式存量政府债务1 751亿元。截至2020年12月末，地方政府债券剩余平均年限6.9年，其中一般债券6.3年，专项债券7.5年；平均利率3.51%，其中一般债券3.51%，专项债券3.50%。

为了展示样本期间我国地方政府各区域的债务风险水平，根据财政部分类标准①（见表 6 - 3），我们将 30 个省市自治区按地理分布分为了东部地区、中部地区和西部地区三个区域，其债务违约距离的描述性统计结果如表 6 - 4 所示。

表 6 - 3　　　　　　　　　　　　我国地理分区表

地区	省份
东部	北京、天津、山东、江苏、上海、浙江、福建、广东、辽宁
中部	山西、河南、安徽、湖北、江西、湖南、吉林、黑龙江、河北、海南
西部	重庆、四川、陕西、云南、贵州、甘肃、青海、宁夏、新疆、广西、内蒙古

资料来源：财政部。

其中，2011 ~ 2019 年贵州省的地方债务风险指标的平均值是最高的，与平均值排在其后的宁夏、青海、云南等省份均处在经济发展相对落后的西部地区，这可能与当地地方政府大量举债支持地方基础建设有关。值得关注的是天津处于经济相对发达的地区，但是近几年地方债务风险有较为明显的上升。

表 6 - 4　　　　　　　　　分地区地方政府债务违约距离

地区	样本数	平均值	标准差	最小值	最大值	峰度	偏度
东部地区	90	5.308	4.849	- 3.424	16.372	3.108	0.534
中部地区	100	1.086	2.133	- 3.692	5.177	1.816	0.054
西部地区	120	- 1.753	2.183	- 7.300	3.133	2.164	- 0.047

资料来源：《中国财政年鉴》、中国债券信息网、和讯债券、财政部网站、国家统计局、《地方财政决算报告》、CSMAR 数据库和 Wind 数据库等。

如表 6 - 4 所示，西部和中部地区的违约距离较小，其中西部地区的违约距离为负，对应着地方政府债务风险较大，而东部地区的违约距离较大，对应着债务风险较小。通常认为，我国东地区经济水平更发达，按东部、中部、西部经济水平依次降低。因此地方政府债务风险与这个地区的

---

①　财政部 2005 年所发布的《关于明确东中西部地区区域划分的意见》，以及《国务院发布关于西部大开发若干政策措施的实施意见》，将中国大陆的 31 个省市作了如下划分：东部 9 个省市；中部包括 10 个省；西部包括 12 个省市和自治区。

经济发展水平有一定关系。同时中部地区的地方政府债务风险波动最小，而东部地区的波动最大，可能的原因是东部地区各省份经济水平存在一定的马太效应。

从演变趋势看（见图6-1），2011~2019年我国地方政府违约距离呈现出震荡下降趋势，其中2014年下降较快，可能的原因是当年宏观经济情况不佳和新预算法的实施，导致部分地区政府产生过度举债发展的倾向。

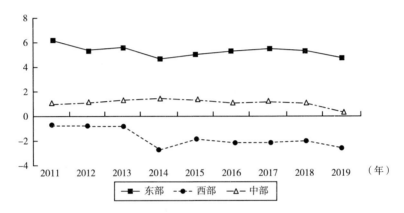

图6-1　2011~2019年东部、中部、西部三大地区地方政府债务违约距离演变趋势
资料来源：《中国财政年鉴》、中国债券信息网、和讯债券、财政部网站、国家统计局、《地方财政决算报告》、CSMAR数据库和Wind数据库等。

6.2　区域金融风险的测度——基于金融压力指数

6.2.1　基础指标的选取

在参考相关文献研究的基础上，结合我国实际情况，本书构建的区域金融压力指数涵盖银行部门、证券市场、保险市场和外部市场四个子市场，共如下10个基础指标。通过先合成各子市场指标，再合成综合指标，构建的指标能真实地反映我国金融市场的风险状况。具体而言，各子市场选取的指标见表6-5。

1. 银行部门

本书选取了三个指标来反映银行部门的风险压力，分别是存贷比、不良贷款率和影子银行比率。存贷比是银行贷款余额与存款余额的比值，银行日常的现金支取和结算需要预留一定的库存现金和存款准备金，若存贷比过高，会导致银行发生支付困难甚至破产，可能导致金融危机发生，因此存贷比对区域金融风险来说是正向指标。不良贷款率为不良贷款余额与贷款余额的比值，不良贷款包括了次级类贷款、可疑贷款和损失类贷款，该指标体现的是银行的资产质量，不良贷款越多，银行的资产就越不健康，其破产的风险越大，因此该指标也是正向指标。影子银行比率为该地区影子银行规模与该地区生产总值的比值，影子银行是指游离于银行监管体系之外、可能引发系统性风险和监管套利问题的信用中介体系，其不受金融安全的保护，因此影子银行比率越大，引发的金融风险就越大，该指标为正向指标，其中影子银行规模的测算方法具体见本书 6.3.3 节。

2. 保险市场

保险深度和保险赔付增长率是本书针对保险市场选择的两个指标。保险业的发展有利于金融体系的稳健运行，保险深度是指该地区保费收入与该地区生产总值的比值，该指标反映了保险业在整个经济中是一个怎样的地位，是负向指标。保险深度值越大，表明金融风险越低。保险赔付增长率是保险赔付增长额与基期保险赔付额的比值，折射出该经济区每年因风险发生而付出的代价的变化，保险赔付增长越快说明该经济区损失概率越大，即风险越大，因此该指标为正向指标。

3. 证券市场

证券市场选择的指标是地区的股票市值占本地区生产总值的比重和证券交易额增长率。股市是"国民经济的晴雨表"，宏观经济状况好坏、政局的转换、经济政策的调整、资金供求的变化等，都会引起股票市场的波动。当居民愿意投资于股票市场时，证券交易额上升，表明该经济区的经济情况较好，风险控制得当。且对于单个企业而言，大盘股的公司一般业绩比较稳定，波动比小盘股小，不易暴涨暴跌引发金融风险。所以这两种指标都为负向指标。

4. 外部市场

外部市场的衡量指标为外贸依存度，计算方法是进出口总额与 GDP 的比值。外贸依存度越高，对外部市场的依赖程度就越大，受外部市场风险波动的影响也就越大，从经济安全层面考虑，该指标为正向指标。

表 6 - 5 区域金融压力指数指标体系

市场类型	指标名称	计算方法	指标方向
保险市场	保险深度	保费收入/GDP	负
	保险赔付增长率	（现期保赔 - 基期）/基期	正
证券市场	股票市场深度	股票流通股市值/GDP	负
	证券交易额增长率	（现期额度 - 基期）/基期	负
银行市场	不良贷款	不良贷款余额/贷款余额	正
	存贷比	贷款余额/存款余额	正
	影子银行比率	影子银行规模/GDP	正
外部市场	外贸市场依存度	进出口总额/GDP	正

6.2.2 基础指标的处理及转换

为了消除不同指标量纲差异对区域金融风险指数的影响，将对各项风险指标进行标准化处理。本书借用经验累积分布函数，使各基础指标原始值转化为（0，1），计算过程如下。

负向指标正化：$X_t = \dfrac{1}{r_t}$

指标标准化：

$$S_t = F(X_t) = \begin{cases} \dfrac{m}{n}, X_{[m-1]} < X_t < X_{[m+1]} \\ 1, X_t > X_{[m-1]} \end{cases}$$

负向指标先经过倒数处理变为正向指标，再通过经验累积分布函数使其标准化。

其中经验累积分布函数 $F(x)$ 表示小于或等于特定原始值 $X(t)$ 的频率，n 为样本总量，m 为观测值在样本中的序数。具体可解释为：若样本容量为 10，特定原始值根据大小排列后位于样本的第 2 位，则标准化处理后的值为 $2/10 = 0.2$。

由于选取的基础指标为年度面板数据，因此在样本排序上，本书将同一个基础指标的所有观测值共同排序，即 2011 ~ 2019 年中 31 个省份的不良贷款率数据为一个样本，因此本书所有基础指标的样本容量 n 均为 279。这样处理之后的标准化指标不仅具有大小可比性，也具有横向可加性。

6.2.3　区域金融压力指数的构建及测度

本书构建区域金融压力指数的方法与前文构建系统性金融压力指数采用的方法一致。区域金融压力指数的合成同样分为两步，首先是各子市场金融压力指数的合成，其次是综合金融压力指数的合成。各子市场金融压力指数的合成较为容易，直接由银行、证券、保险、外汇四个市场内各个指标值 $u_{i,j,t}$（i 表示子市场，j 表示指标）分别算术平均得到，即等权重合成，合成后的子市场指标表示为 s_t，$t = 1，2，3，4$。

在合成综合金融压力指数的过程中，需要对四个子市场赋权，常见的方法有等方差权重法、因子分析法和信用加总权重法等，考虑到以上方法一些共有的缺点，例如无法反映各子市场间的相互作用以及各子市场对区域金融压力的贡献程度不一致，本书同样采用前文第四章的合成方法构建区域金融压力指数。具体步骤如下。

首先，本书选择银行贷款余额、股票市价总值、保险市场总资产和外汇进出口额占这四者之和的权重来分别作为四个子市场的信用权重，表示为 w_t，$t = 1，2，3，4$。

其次，计算 DFSI，计算公式为：

$$DFSI_t = (w_t \cdot s_t) C_t (w_t \cdot s_t)' \qquad (6-13)$$

其中，$w_t = (w_1, w_2, w_3, w_4)$，表示各子市场的权重向量，$s_t = (s_1, s_2, s_3, s_4)$，代表各子市场金融压力的数值向量，$w_t \cdot s_t$ 表示 t 时各子市场权重向量的每个数值与对应位置子市场金融压力数值的乘积，称为 Hadamard 乘积。

最后，计算得到区域金融压力指数，按地理分布划分东部地区、中部

地区和西部地区三个区域，得到分地区金融压力指数的描述性统计结果，
如表 6-6 所示。

表 6-6 分地区金融压力指数

地区	样本数	平均值	标准差	最小值	最大值	峰度	偏度
东部地区	90	0.471	0.096	0.222	0.625	3.609	0.864
中部地区	100	0.477	0.093	0.262	0.756	5.978	1.573
西部地区	120	0.546	0.113	0.316	0.770	0.789	2.689

资料来源：Wind 数据库、中经网统计数据库等。

从表 6-6 可见，区域性金融风险同样与地区经济发展水平之间存在
一定关系。且风险大小由高到低依次是西部、中部、东部地区，有一定的
地理分布规律，同样符合经济发展水平越高、发展速度越快、区域性金融
风险越低的规律。同时，中部、东部地区金融压力指数波动率较小，西部
地区金融压力指数波动最大。从金融风险的演变趋势看，2011～2019 年三
大区域整体金融风险压力水平处于 "下降－上升－下降" 的波动性变化中
（见图 6-2），2018 年以后有较为明显的下降趋势。

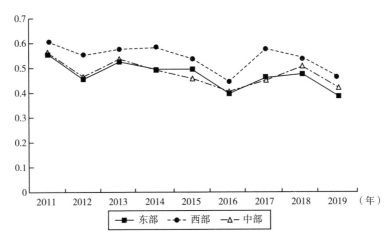

图 6-2 东部、中部、西部三大区域金融风险水平演变趋势

资料来源：Wind 数据库、中经网统计数据库等。

6.3　省级层面地方政府债务对系统性金融风险的影响

6.3.1　变量选择及描述性统计

本书使用 2011～2019 年全国 30 个省（自治区、直辖市）的省级面板数据进行实证分析（不包含港澳台以及西藏地区的数据），最终保留 270个样本。

1. 被解释变量

区域性金融风险（DFSI）：采用上文构建的区域金融压力指数（DF-SI）来衡量区域系统性金融风险的大小，区域性金融风险指数越大，代表所属省份或地区金融风险相对越大。

2. 核心解释变量

地方政府债务风险（DD）：采用上文计算的地方政府债务违约距离作为衡量地方政府债务风险的指标，违约距离越小表示其所属地方政府违约风险相对越大。

选择地方政府债务率（DebtRate）作为地方政府债务风险的替代变量，用作稳健性检验。债务率越高，地方政府债务风险越大。

3. 中介变量

本书为研究地方政府债务影响区域金融风险的间接机制，选用影子银行（Sbank）、土地财政（LnlandP）作为中介变量，用来检验地方政府债务通过影子银行和土地财政渠道对区域金融风险的影响。其中，影子银行本书借鉴封思贤（2014）等学者的方法进行测算，计算过程详见后文实证。土地财政采用土地出让收入并取对数表示，数据来源于国土资源统计年鉴。

4. 调节变量

为进一步考察财政分权和金融分权对地方政府债务与区域金融风险之间关系的影响，选用财政分权（FisDi）、金融分权（FinDi）作为调节变量进行异质性验证分析。其中，财政分权指标采用地方政府一般预算支出与全国一般预算支出的比值；金融分权采用地方金融机构从业人员占比表示。

5. 控制变量

除了主要解释变量外，为了准确地分析地方政府债务对区域金融风险的影响，本书还分别从微观层面和宏观层面选择了以下控制变量。

微观层面的变量主要从居民、企业、金融机构角度，选择了居民人均收入增长率（$Pinc$）、失业率（$Unem$）、企业资产负债率（$EntLev$）、企业亏损率（$EntLoss$）、企业利润率（$EntRoa$）和金融杠杆率（$FinLev$）。理论上居民人均收入增长率越高，居民债务违约风险越小，企业利润率越高，有利于降低企业债务违约风险；相反，失业率、企业资产负债率、企业亏损率和金融杠杆率越高，居民、企业以及金融机构的债务风险就越大，会增大区域金融风险压力。所以居民人均收入增长率，企业亏损率为负向指标，失业率、企业资产负债率、企业亏损率和金融杠杆率为正向指标。

宏观层面的控制变量包括 GDP 增长率（GDP）、通货膨胀率（CPI）、外贸依存度（EXP）、固定资产投资占比（$FixInv$）和城镇化率（Urb）。

具体指标的选择和说明见表 6-7。

表 6-7 主要变量说明

变量类型	变量名称	变量符号	变量说明
被解释变量	区域金融压力指数	$DFSI$	指数越大，风险越大
核心解释变量	地方政府债务违约距离	DD	违约距离越大，风险越小
替代解释变量	地方政府债务率	$DebtRate$	债务余额/财政收入
中介变量	影子银行	$Sbank$	影子银行/GDP
	土地财政	$LnlandP$	土地出让金收入取对数
调节变量	财政分权	$FisDi$	地方政府一般预算支出/全国一般预算支出
	金融分权	$FinDi$	地方金融机构从业人员占比
微观层面	居民人均收入增长率	$Pinc$	居民人均收入增长率
控制变量	失业率	$Unem$	失业率
	企业资产负债率	$Entlev$	负债/资产
	企业亏损率	$EntLoss$	企业亏损额/资产
	企业利润率	$EntRoa$	净利润/资产
	金融杠杆率	$FinLev$	金融机构贷款/GDP

续表

变量类型	变量名称	变量符号	变量说明
宏观层面	GDP 增长率	*GDP*	GDP 的对数增长率
控制变量	通货膨胀率	*CPI*	CPI 指数
	外贸依存度	*EXP*	进出口总额/GDP
	固定资产投资占比	*Fixlnv*	固定资产投资/GDP
	城镇化率	*Urb*	城镇人口/总人口

　　本书的原始数据主要来源于历年的《中国统计年鉴》、各省统计年鉴、《国土资源统计年鉴》《中国财政年鉴》《中国金融年鉴》《中国固定资产统计年鉴》《中国人口和就业统计年鉴》以及 Wind 资讯数据库、同花顺数据库和中经网统计数据库等。

　　变量的描述性统计具体情况如表 6 - 8 所示。

表 6 - 8　　　　　　　　　变量的描述性统计

变量符号	样本数（个）	平均值	标准差	中位数	最小值	最大值
dfsi	270	0.501	0.107	0.500	0.222	0.770
dd	270	1.312	4.303	0.842	-7.300	16.370
debtrate	270	0.823	0.281	0.765	0.332	2.018
pinc	270	0.101	0.031	0.089	-0.004	0.190
unem	270	0.033	0.007	0.033	0.012	0.045
entlev	270	0.583	0.060	0.579	0.421	0.761
entroa	270	0.063	0.029	0.065	-0.078	0.142
entloss	270	0.109	0.120	0.075	0.022	1.485
finlev	270	1.338	0.453	1.266	0.433	2.562
gdp	270	0.096	0.072	0.092	-0.280	0.275
exp	270	0.278	0.312	0.138	0.012	1.558
cpi	270	0.025	0.012	0.023	0.006	0.063
fixinv	270	0.793	0.256	0.815	0.210	1.480
urb	270	0.576	0.122	0.556	0.350	0.896
digfin	270	2.034	0.916	2.144	0.183	4.103

续表

变量符号	样本数（个）	平均值	标准差	中位数	最小值	最大值
findi	270	0.428	0.097	0.450	0.160	0.639
fisdi	270	0.033	0.015	0.030	0.007	0.087
sbank	270	0.759	0.232	0.713	0.397	1.519
lnlandp	210	6.633	1.066	6.834	3.536	8.894

资料来源：《中国统计年鉴》、各省统计年鉴、《国土资源统计年鉴》《中国财政年鉴》《中国金融年鉴》《中国固定资产统计年鉴》《中国人口和就业统计年鉴》以及 Wind 资讯数据库、同花顺数据库和中经网统计数据库等。

6.3.2 OLS 面板回归分析

1. 模型设计

本书首先构建以下方程来大致考察地方政府债务对区域金融风险的影响：

$$DFSI_{i,t} = \alpha + \beta DD_{i,t} + \gamma X_{i,t} + \delta_t + \varphi_i + \varepsilon_{i,t} \qquad (6-14)$$

式（6-14）是本书基准回归模型，考虑到实证分析中使用了面板数据，有必要考虑时间固定效应和个体固定效应。其中，$DFSI_{i,t}$ 是地区 i 在 t 年的地区金融风险指数，$DD_{i,t}$ 表示地区 i 在 t 年的地方政府债务风险，用违约距离测度，$X_{i,t}$ 表示控制变量。

δ_t 和 φ_i 分别是地区和年份固定效应，ε 为随机误差项。我们关注核心解释变量 $DD_{i,t}$ 的系数 β，若 β 显著且为负，则表示地方政府债务显著提高了地区金融风险。

2. 回归结果

表6-9报告了地方政府债务对区域金融风险的基准估计结果。第（1）列仅以地方政府债务对区域金融风险进行简单 OLS 回归，DD 的估计系数在1%统计水平上显著为负，表明债务违约距离的下降显著地提升了区域金融风险；第（2）列在简单回归基础上增加微观和宏观层面控制变量，仍支持地方政府债务对区域性金融风险的正向影响。第（3）列采用面板固定效应进行回归，F 检验强烈拒绝原假设，表明固定效应优于混合回归，与第（4）列随机效应对比的 Hausman 检验也支持固定效应模型。

第（3）列固定效应回归结果显示，地方政府债务 DD 的估计系数在 1% 显著性水平上为负，支持研究假说 1，地方政府债务风险显著增加了系统金融风险压力。为防止关键变量指标单一造成伪回归问题，第（5）列采用替代变量地方政府债务率作为解释变量，回归结果仍支持地方政府债务的扩张增加了系统性金融风险，回归结果稳健，假说 1 得以证实。

表 6 - 9　　　　　　　　　　　　基准模型回归结果

变量	（1）	（2）	（3）	（4）	（5）
	dfsi	dfsi	dfsi	dfsi	dfsi
dd	-0.0111*** (0.0014)	-0.0142*** (0.0020)	-0.0107*** (0.0038)	-0.0132*** (0.0025)	—
debtrate	—	—	—	—	0.0777*** (0.0292)
pinc	—	-0.0426 (0.2520)	-0.2749 (0.2664)	-0.0713 (0.2441)	-0.3438 (0.2676)
unem	—	0.1237 (0.9736)	0.7230** (1.9436)	0.1212* (1.3768)	1.1918* (1.9764)
entlev	—	0.5765*** (0.1137)	0.0130** (0.2523)	0.3643** (0.1764)	0.0839** (0.2491)
entroa	—	-0.9086*** (0.3169)	-0.1754 (0.4686)	-0.5501 (0.3848)	-0.1427 (0.4481)
entloss	—	0.0794 (0.0539)	0.1577*** (0.0571)	0.1282** (0.0549)	0.1841*** (0.0576)
finlev	—	0.0109 (0.0186)	0.0279** (0.0183)	0.0249* (0.0166)	0.0323* (0.0182)
gdp	—	-0.1498 (0.1084)	-0.0226* (0.0996)	-0.0540* (0.0929)	-0.0300* (0.1002)
exp	—	0.1395*** (0.0361)	0.1678*** (0.0627)	0.1459*** (0.0409)	0.1941*** (0.0604)
cpi	—	0.7651 (0.6452)	0.7859 (0.6107)	0.7165 (0.5956)	0.8952 (0.6098)

续表

变量	（1） dfsi	（2） dfsi	（3） dfsi	（4） dfsi	（5） dfsi
fixinv	—	0.0369 （0.0341）	0.0109 ** （0.0400）	0.0019 * （0.0345）	0.0156 * （0.0399）
urb	—	0.1462 ** （0.0736）	0.7553 *** （0.2476）	0.3152 ** （0.1225）	0.7148 *** （0.2466）
_cons	0.5152 *** （0.0063）	0.1397 （0.1099）	0.9925 *** （0.2525）	0.4406 *** （0.1560）	0.9766 *** （0.2533）
N	270	270	270	270	270
R^2	0.1979	0.3860	0.2898	—	0.2869
F	61.5651	16.5921	7.7541		7.6446

注：括号中为稳健标准误，*** 、 ** 、 * 分别表示在1%、5%和10%的水平下显著。

3. 内生性问题处理

地方政府债务对区域金融风险的基准回归结果可能受到内生性问题的影响。一方面，尽管固定效应模型在很大程度上缓解了与特定地区相关的、不随时间变化的未观察因素，以及各地共同面临的宏观经济形势的变化可能带来的差异性，但是仍不可完全避免内生性；另一方面，值得注意的是，区域金融风险对地方政府债务风险具有反向因果关系，区域金融风险的上升、信贷扩张以及影子银行的参与会导致地方政府债务规模的盲目扩张，推动地方政府债务风险上升。因此，本书采用两种办法缓解反向因果产生的内生性问题。一是将主要解释变量滞后一期，使当期的被解释变量无法影响上一期已经发生的解释变量，以消除反向因果关系；二是使用系统高斯混合模型（GMM）和差分 GMM 对内生性问题进一步控制。

表6－10 汇报了内生性问题处理结果，模型（1）是作为对照的基准模型回归结果，模型（2）中将地方政府债务做了一期滞后，估计结果与模型（1）类似，模型（3）和模型（4）分别用系统 GMM 和差分 GMM 处理内生性问题，估计结果基本一致。此外，对模型（3）和模型（4）进行残差序列相关性检验，AR（1）显示一阶序列相关，AR（2）显示二阶序列不相关，Hansen 过度识别检验结果显示工具变量选择有效。因此，由表6－10 基本可得出如下结论：地方政府债务的扩张显著加大了系统性

金融风险。

表 6 - 10　　　　　　　考虑内生性的估计结果

变量	(1) dfsi	(2) dfsi	(3) dfsi	(4) dfsi
dd	− 0.0107 *** (0.0038)	—	− 0.0020 ** (0.0189)	− 0.0022 ** (0.0145)
L. dd	—	− 0.0057 *** (0.0036)	—	—
pinc	− 0.2749 (0.2664)	0.0426 (0.2520)	0.2749 (0.2664)	0.0713 (0.2441)
unem	0.7230 ** (1.9436)	0.9756 ** (2.0610)	0.3071 * (6.3736)	0.8526 * (14.1373)
entlev	0.0130 ** (0.2523)	0.2593 ** (0.2583)	1.2975 ** (2.6619)	1.0521 ** (1.6811)
entroa	− 0.1754 (0.4686)	− 0.4772 (0.5051)	− 0.2642 (0.9360)	− 0.1684 (3.1533)
entloss	0.1577 *** (0.0571)	0.1623 *** (0.0555)	0.2356 ** (0.2767)	0.0067 ** (0.2754)
finlev	0.0279 ** (0.0183)	0.0212 ** (0.0187)	0.0534 ** (0.1283)	0.0479 ** (0.0378)
gdp	− 0.0226 * (0.0996)	− 0.0140 * (0.0947)	− 0.4392 * (0.6372)	− 0.0198 * (0.1730)
exp	0.1678 *** (0.0627)	0.1341 (0.0873)	0.1053 (0.3878)	0.0245 (0.1984)
cpi	0.7859 (0.6107)	1.5446 (1.2103)	4.4583 (4.4548)	2.1626 (3.9880)
fixinv	0.0109 ** (0.0400)	0.0367 (0.0414)	0.0593 * (0.4664)	0.0177 * (0.2763)
urb	0.7553 *** (0.2476)	0.6556 (0.4536)	1.1330 (3.0798)	0.4637 * (2.3522)

续表

变量	（1）	（2）	（3）	（4）
	dfsi	dfsi	dfsi	dfsi
$L.dfsi$	—	—	-0.1451* (0.3632)	-0.0546* (0.1819)
常数项	0.9925*** (0.2525)	1.0848*** (0.3150)	1.8592 (1.9730)	—
观测值	270	240	240	210
R^2	0.2898	0.4435	—	—
地区数	30	30	30	30
地区固定效应	YES	YES	YES	YES
年份固定效应	YES	YES	YES	YES
AR（1）	—	—	0.0000	0.0000
AR（2）	—	—	0.0436	0.1728
Hansen 检验	—	—	1.000	1.000

注：***、**和*分别表示在1%、5%和10%水平上显著。

6.3.3 中介效应分析：传导渠道的检验

以上检验尽管从基准回归视角考察了省级层面地方政府债务对系统性金融风险的影响，但是二者之间的机制传导有效性尚待进一步检验。本书借助中介效应模型，对地方政府债务影响系统性金融风险的传导机制进行经验识别。中介效应模型设定如下：

$$DFSI_{i,t} = \alpha_0 + \alpha_1 DD_{i,t} + \alpha_2 X_{i,t} + \delta_t + \varphi_i + \varepsilon_{i,t} \qquad (6-15)$$
$$M_{i,t} = \beta_0 + \beta_1 DD_{i,t} + \beta_2 X_{i,t} + \delta_t + \varphi_i + \varepsilon_{i,t} \qquad (6-16)$$
$$DFSI_{i,t} = \gamma_0 + \gamma_1 DD_{i,t} + \gamma_2 M_{i,t} + \gamma_3 X_{i,t} + \delta_t + \varphi_i + \varepsilon_{i,t} \qquad (6-17)$$

其中，下标i和t分别表示地区和年份，$DFSI_{i,t}$代表区域金融风险，$DD_{i,t}$衡量地方政府债务风险，$M_{i,t}$为中介变量，反映影子银行、土地财政两种渠道的代理变量。$X_{i,t}$表示控制变量集，具体控制变量与基准模型保持一致，φ_i和δ_t对应地区和时间固定效应，$\varepsilon_{i,t}$为随机扰动项。

本书还进一步采用 Sobel 系数检验方法和 Bootstrap 两种检验方法验证中介效应是否存在。其中 Sobel 检验的原假设是中介效应模型路径上的系数乘积为 0，即 $H_0: \beta_1 \times \gamma_2 = 0$。Sobel 检验的 Z 统计量计算方法为：

$$Z = \beta_1 \times \gamma_2 / \sqrt{\beta_1^2 \times S_{\gamma_2}^2 + \gamma_2^2 \times S_{\beta_1}^2} \qquad (6-18)$$

式中，$S_{\beta_1}^2$ 和 $S_{\gamma_2}^2$ 分别表示估计系数 β_1 和 γ_2 的标准误的平方。若 Z 统计量拒绝原假设，则表明中介效应显著存在。

Bootstrap 法是一种从样本中重复取样的方法，通过重复取样，可以得到一个 Bootstrap 样本，将它们按数值从小到大排序，其中第 2.5 百分位点和第 97.5 百分位点就构成系数乘积的一个置信度为 95% 的置信区间，对系数的置信区间进行检验，如果置信区间不包含 0，则系数乘积显著，表明中介效应显著存在。以 Bootstrap 法得到的置信区间比 Sobel 法更精确，有更高的检验力。

1. 影子银行传导机制的检验

（1）中介变量的选择。准确的影子银行数据难以获取，本书借鉴封思贤（2014）等学者的方法进行测算。由于本书采用的是面板回归，需测算出 31 个省份的影子银行规模，比较不同地区该变量的发展差异，因此采用这种方法数据获取性也更高。利用"未观测信贷与未观测经济规模的比值与可观测信贷和可观测经济规模比值相等"这一思路，计算公式为：

$$\frac{Sbank}{NOE} = \frac{L}{GDP} \qquad (6-19)$$

在式（6-19）中，影子银行规模以 Sbank 表示，可观测信贷规模用 L 表示，未观测经济规模用 NOE 表示。

NOE 可用国民总收入（GNP）减去可观测收入（INC）得到。本书只获取了全国 GNP 数据，并未获得各省份 GNP 数据，由于全国最近 20 余年 GDP 和 GNP 的差都小于 1%，因此本书采用各省 GDP 数据代替 GNP。INC 则可由人均收入与总人口数的乘积求得。最后，用各省份 GDP 数值减去 INC 数值得到 NOE。

本书收集了我国 31 个省份的数据（中介效应实证分析中为与基准回归匹配，去除了西藏数据），原始数据来源于国家统计局、Wind、CS-MAR。根据上述计算方法，得到 31 个省份 2003～2019 年影子银行规模。

（2）检验结果与分析。表 6 - 11 报告了地方政府债务与系统性金融风险之间的中介效应结果。表中模型（1）为基准模型回归结果。模型（2）检验地方政府债务是否对中介变量影子银行具有显著影响，结果显示，地方政府债务违约距离的系数显著为负，说明地方政府债务风险确实给影子银行带来显著为正的影响。模型（3）汇报了区域金融风险对地方政府债务和影子银行的回归结果，影子银行的估计系数在 1% 显著性水平上为正，表明地方政府债务通过影子银行显著影响了区域金融风险的提高。加入影子银行变量后，地方政府债务的系数绝对值相较基准回归出现明显下降，并且 Sobel 检验在 1% 显著性水平上拒绝不存在中介效应的原假设，Bootstrap 检验表明中介效应置信区间不包含 0，因此两种检验方法都进一步验证了中介效应结果的稳健性，说明政府债务借助影子银行渠道显著加剧了系统性金融风险，假说 2 成立。

表 6 - 11　　　　　　　　　　影子银行的中介效应检验结果

变量	（1）	（2）	（3）
	dfsi	*sbank*	*dfsi*
dd	- 0.0107 *** （0.0038）	- 0.0003 *** （0.0025）	- 0.0018 *** （0.0037）
sbank	—	—	0.2395 ** （0.0986）
控制变量	YES	YES	YES
地区固定效应	YES	YES	YES
年份固定效应	YES	YES	YES
常数项	0.9925 *** （0.2525）	0.0094 （0.1679）	0.9947 *** （0.2498）
Sobel	—	—	- 0.001003 ***
Bootstrap	—	—	（ - 0.0172，- 0.0079）
F	7.7541	31.3499	7.7658
R²	0.2898	0.6226	0.3078
N	270	270	270

注：*** 、** 和 * 分别表示在 1% 、5% 和 10% 水平下显著，括号内数值为标准误。

2. 土地财政传导机制的检验

（1）中介变量的选择。分税制改革后，土地出让收入占地方财政收入的比重一直在 35% 以上，2008 年金融危机后升至 60% 以上（刘元春，2020）。土地出让收入减少，会在一定程度上增加地方政府债务风险。本书选择土地出让收入作为土地财政的代理变量，国土资源统计年鉴提供了 2017 年以前的土地出让收入数据，因此，本书以 2011 ~ 2017 年土地出让收入数据作为中介变量，检验土地财政传导机制的影响。

（2）检验结果与分析。表 6 – 12 报告了土地财政传导渠道的中介效应检验结果。表中模型（1）为基准模型回归结果。模型（2）检验地方政府债务是否对中介变量土地财政具有显著影响，检验结果显示，地方政府债务违约距离与土地财政之间呈显著正向关系。模型（3）在模型（1）基础上加入土地财政变量，结果显示土地出让收入下降显著促进了区域金融风险的提升，地方政府债务风险估计系数的绝对值相较模型（1）出现下降。并且 Sobel 检验在 1% 显著性水平上支持中介效应显著，Bootstrap 检验表明中介效应置信区间不包含 0，因此两种检验方法都进一步验证了中介效应结果的稳健性，为假说 3 提供了支持，即地方政府债务通过土地财政传导机制推动了系统性金融风险的上升。

表 6 – 12　　　　　　　　　　土地财政的中介效应检验结果

变量	(1)	(2)	(3)
	dfsi	*lnlandp*	*dfsi*
dd	− 0.0107 *** (0.0038)	0.0719 *** (0.0161)	− 0.0071 *** (0.0044)
lnlandp			− 0.0093 *** (0.0198)
控制变量	YES	YES	YES
地区固定效应	YES	YES	YES
年份固定效应	YES	YES	YES
常数项	0.9925 *** (0.2525)	5.1176 *** (1.3001)	0.8486 ** (0.3482)

变量	（1）dfsi	（2）lnlandp	（3）dfsi
Sobel Bootstrap			−0.000583***（−0.0202，−0.0095）
F	7.7541	9.5474	6.4666
R²	0.2898	0.4055	0.3348
N	270	210	210

注：***、**和*分别表示在1%、5%和10%水平下显著，括号内数值为标准误。

6.3.4 异质性分析

1. 地域异质性分析

考虑到我国不同区域在经济社会发展等方面存在的差异，首先将研究样本区分为东部、中部、西部三个部分，并展开分组检验。表6-13给出了样本期内东部、中部、西部三大区域主要变量的描述性统计。

表6-13　　东部、中部、西部三大区域主要变量的描述性统计

变量名称	变量符号	东部地区 均值	东部地区 标准差	中部地区 均值	中部地区 标准差	西部地区 均值	西部地区 标准差
区域金融压力指数	dfsi	0.471	0.0964	0.477	0.0929	0.546	0.113
地方政府债务违约距离	dd	5.308	4.849	1.086	2.133	−1.753	2.183
地方政府债务率	debtrate	0.768	0.257	0.774	0.211	0.912	0.332
企业杠杆率	entlev	0.553	0.0504	0.566	0.0627	0.624	0.0377
企业亏损率	entloss	0.0539	0.0320	0.0949	0.0569	0.168	0.172
金融杠杆率	finlev	1.507	0.520	1.145	0.352	1.376	0.413
GDP增长率	gdp	0.0880	0.0716	0.0904	0.0764	0.107	0.0664
外贸依存度	exp	0.641	0.355	0.127	0.0555	0.117	0.0766

续表

变量名称	变量符号	东部地区		中部地区		西部地区	
		均值	标准差	均值	标准差	均值	标准差
固定资产投资率	*fixinv*	0.539	0.204	0.855	0.165	0.946	0.201
城镇化率	*urb*	0.717	0.109	0.533	0.0470	0.501	0.0731
数字金融指数	*digfin*	2.320	0.944	1.951	0.889	1.874	0.870
金融分权	*findi*	0.338	0.0980	0.471	0.0672	0.463	0.0653
财政分权	*fisdi*	4.421	1.802	3.085	1.067	2.584	1.111
影子银行	*sbank*	0.920	0.250	0.589	0.135	0.783	0.179
土地出让收入	*lnlandp*	7.524	0.691	6.615	0.762	5.920	1.018
财政缺口	*fisgap*	7.176	0.694	7.721	0.555	7.635	0.520

根据表6-13可以看出,不同区域的地方政府违约距离均值的差距非常大,西部地区的政府债务风险要显著高于中部和东部;从区域金融压力指数看,西部地区也显著高于中部地区和东部地区,中部地区则与东部地区接近,但略高于东部地区。此外,西部地区的地方政府债务率、企业杠杆率、亏损率、固定资产投资率均值明显高于其他地区,而东部地区的金融杠杆率、城镇化率、财政分权程度、影子银行和土地出让收入高于中西部地区。

本书进一步检验了不同区域的地方政府性债务风险对系统性金融风险的影响,回归结果见表6-14。为突出主要变量的影响,表中仅列出各地区政府债务风险的回归系数,其他控制变量与基准回归模型一致。

表6-14 各地区政府债务对系统性金融风险的影响

变量	(1)	(2)	(3)	(4)
	RE	FE	RE	FE
东部地区 *DD*	-0.0108*** (0.0024)	-0.0086 (0.0058)	-0.0099* (0.0059)	-0.0028 (0.0096)
东部地区 *DD* 平方	—	—	-0.0001 (0.0003)	-0.0004 (0.0005)

续表

变量	(1)	(2)	(3)	(4)
	RE	FE	RE	FE
中部地区 *DD*	-0.0305*** (0.0042)	-0.0130* (0.0078)	-0.0277*** (0.0053)	-0.0158* (0.0088)
中部地区 *DD* 平方	—	—	-0.0015 (0.0017)	0.0015 (0.0022)
西部地区 *DD*	-0.0402*** (0.0057)	-0.0226 (0.0091)	-0.0359*** (0.0083)	-0.0424*** (0.0149)
西部地区 *DD* 平方	—	—	-0.0044** (0.0017)	-0.0056** (0.0022)
控制变量	YES	YES	YES	YES
年份固定效应	NO	YES	NO	YES
地区固定效应	NO	YES	NO	YES
常数项	YES	YES	YES	YES
N	99	99	99	99
F	—	4.6549	—	4.3121
R^2	0.4253	0.4821	0.4581	0.4872

注：***、**和*分别表示在1%、5%和10%水平下显著，括号内数值为标准误。

表中模型（1）、模型（2）为地方政府债务对系统性风险的线性影响的回归，在模型（1）的随机效应回归中，东部、中部、西部三个区域地方政府债务违约距离的增加都对系统性金融风险有显著的抑制作用，但在控制了个体效应和时间效应后的模型（2）FE回归中，地方政府债务风险的影响不再显著；模型（3）、模型（4）是非线性影响的回归结果，只有西部地区的政府债务的平方项在模型（3）RE回归和模型（4）FE回归中均是显著的，说明西部地区的政府债务风险对系统性风险的影响是倒U形的。

表6-14的结果显示，不同区域的政府债务违约距离对系统性金融风险的影响都是显著为负，即地方政府债务风险推升了系统性金融风险，但仍存在较大差异。（1）中部、东部地区政府债务风险增加对系统性金融风

险的影响系数小于西部地区，假说4得到验证，说明中东部地区经济发展状况更好，金融要素禀赋较好，地区金融对政府债务风险的容忍度高于西部地区。（2）西部地区的政府债务风险增加对系统性金融风险的影响是倒U形的，Utest检验显示在1%的置信水平上显著，且政府债务违约拐点在 -3.811。说明西部地区的政府债务在一定阈值范围内能降低金融风险，这可能是由于西部地区基础设施建设比较落后，适度的政府举债促进了固定资产投资和基础设施建设，发挥了公共投资的积极作用。但是由于西部地区的政府偿债能力和金融风险的消化能力低于中部、东部地区，如果政府债务规模过高，超出了阈值范围，则会显著增大地区金融风险压力。

2. 基于财政分权异质性分析

（1）财政分权的测度。财权与事权不平衡是我国财税体制一直存在的问题，目前衡量财政分权程度的指标主要有三种，第一种是采用财政收入指标，用地方财政收入占中央财政收入的比值（张晏和龚六堂，2005；龚汝凯，2012）来反映财权分离程度；第二种采用财政支出指标，用地方政府预算支出占中央财政预算支出的比值（陈菁，2015），反映事权分离程度；第三种采用财政自主度指标，用地方预算内财政收入与地方预算内财政支出的比值（陈宝东，2017），反映财政困难程度。本书采用第二种方法，从事权分离角度测度财政分权程度。

（2）检验结果与分析。考虑到不同地区财政分权异质性的存在，本书按照财政分权的中位数对各省份进行分组处理，将各省份分为高财产分权程度（中位数以上）和低财政分权程度（中位数以下），分别用两组样本估计固定效应模型，回归结果见表6-15。

研究发现，财政分权程度高的地区政府债务风险的增加对系统性金融风险的影响系数更大。财政分权程度的提高，会强化地方政府的主动和被动举债动机，从而加大了地方政府债务风险，说明财政分权对地方政府债务与区域金融风险之间的关系具有调节作用。假说5得到验证，即财政分权程度的提高会增大地方政府债务风险，从而抬高区域金融风险。

3. 基于金融分权异质性分析

（1）金融分权的测度。地方政府债务飙升带来的巨大债务压力，促使地方政府通过隐性金融分权，加大行政干预金融机构信贷资源配置的力度，弱化了金融约束，形成潜在的区域金融风险隐患。本书重点研究隐性金融分权的影响，借鉴陈宝东（2017）以及汤子隆（2019）等的做法，选取地方金融机构从业人数占比作为隐性金融分权的衡量指标，其中地方性金融机构从业人数[①]、该地区所有金融机构从业人数数据来源于 Wind 数据库。

表 6 – 15   按财政分权分组回归结果

变量	(3)	(4)
	dfsi	dfsi
	财政分权中位数分组	
	高	低
dd	− 0. 0129 ** (0. 0050)	− 0. 0140 ** (0. 0064)
控制变量	YES	YES
年份固定效应	YES	YES
地区固定效应	YES	YES
常数项	1. 0772 *** (0. 4024)	0. 6454 (0. 4774)
N	135	135
F	4. 5765	4. 7089
R^2	0. 3434	0. 3477

注：*** 、** 和 * 分别表示在 1%、5% 和 10% 水平上显著，括号内的数值为标准误。

（2）检验结果与分析。本书按照金融分权的中位数对各省份进行分组处理，将各省份分为高金融分权程度（中位数以上）和低金融分权程度（中位数以下），分别用两组样本估计固定效应模型，回归结果见表 6 – 16。

---

① 此处地方性金融机构（银行）主要包括了 Wind 数据库中城市商业银行、农村商业银行、农村合作银行、农村信用社和新型农村金融机构和邮政储蓄银行。

表 6 - 16　　　　　　　　　　　按金融分权分组回归结果

变量	(1)	(2)
	dfsi	dfsi
	金融分权中位数分组	
	高	低
dd	- 0. 0218 ***	- 0. 0119 **
	(0. 0072)	(0. 0054)
控制变量	YES	YES
年份	YES	YES
地区	YES	YES
常数项	1. 0234 **	1. 1292 ***
	(0. 4243)	(0. 4181)
N	135	135
F	2. 6471	6. 4466
R^2	0. 2340	0. 4266

注：*** 、** 和 * 分别表示在 1% 、5% 和 10% 水平下显著，括号内数值为标准误。

研究发现，金融分权程度高的地区，政府债务风险的增加对系统性金融风险的影响系数更大。说明地方金融分权度的加强，推动了地方政府非理性举债，地方政府过度融资更容易实现，隐性金融分权创造的弱融资约束环境更容易诱使商业银行发生信贷扩张行为，进而抬升地区金融风险。假说 6 得到验证。

6.3.5　空间效应分析——基于动态 SDM 模型

1. 变量的空间自相关检验

（1）空间权重矩阵选取。本书综合使用邻接权重矩阵、地理距离权重矩阵以及经济距离权重矩阵进行空间计量分析。邻接权重矩阵（$W1$）反映了是否相邻即邻接属性产生的溢出效应，该矩阵在区域 i 和区域 j 相邻时设置为 1，否则为 0；地理距离权重矩阵（$W2$）反映了地理分布远近产生的溢出效应，采用地理距离平方的倒数构建，地理距离指的是省会城市之间的球面距离；经济距离权重矩阵（$W3$）反映了空间个体在地理和经济上的双重空间邻近性产生的溢出效应，借鉴林光平等（2006）、沈丽等（2018）的方法，$W3 = W2 \cdot E$，$W2$ 为地理距离权重矩阵，E 为经济距离矩阵，用省际人均 GDP 之差的倒数来衡量。具体如下：

邻接矩阵 $W1$：表示两个地区是否相邻，相邻取 1，否则取 0，如式（6-20）所示：

$$W1 = W_{ij} = \begin{cases} 1 & 区域\,i\,和区域\,j\,相邻 \\ 0 & 区域\,i\,和区域\,j\,不相邻 \end{cases} \quad (6-20)$$

地理距离矩阵 $W2$：表示两地距离远近关系的矩阵，以两地距离 d_{ij} 平方的倒数为值，两地距离越近值就越大，否则越小，具体如式（6-21）所示：

$$W2 = W_{ij} = \begin{cases} \dfrac{1}{d_{ij}^2} & i \neq j \\ 0 & i = j \end{cases} \quad (6-21)$$

其中，d_{ij} 是 i 地区省会和 j 地区省会的直线距离，通过省会经纬度由 Arc-Gis 生成。

经济权重矩阵 $W3$：假设两地的 GDP 之差越小，其在经济意义上的空间距离越小。但我国每个省之间经济体量差距过大，可能会有一定误差。具体如式（6-22）所示：

$$W3 = W_{ij} = \begin{cases} W2\,\dfrac{1}{|Y_i - Y_j|} & i \neq j \\ 0 & i = j \end{cases} \quad (6-22)$$

其中，Y_i 代表第 i 个地区样本区间 GDP 均值。Y_j 表示第 j 个地区样本区间 GDP 均值。

（2）空间自相关检验。本书运用全局 Moran's I 指数，对 2011~2019 年 30 个省（自治区、直辖市）的地方政府债务风险指标 DD、区域金融风险指标 DFSI 进行了空间自相关检验（见表 6-17、表 6-18）。

全局 Moran's I 指数的计算公式为：

$$全局\,\text{Moran's I 指数} = \frac{n\sum\limits_{i=1}^{n}\sum\limits_{j=1}^{n}w_{ij}(x_i - \bar{x})(x_j - \bar{x})}{\sum\limits_{i=1}^{n}\sum\limits_{j=1}^{n}w_{ij}\sum\limits_{i=1}^{n}(x_i - \bar{x})^2}$$

表 6 – 17　　地方政府债务违约距离（DD）的 Moran's I 指数

年份	邻接权重矩阵		地理距离权重矩阵		经济距离权重矩阵	
	I	P – value	I	P – value	I	P – value
2011	0.383	0.000	0.203	0.001	0.395	0.000
2012	0.376	0.000	0.186	0.002	0.310	0.002
2013	0.366	0.000	0.185	0.002	0.278	0.004
2014	0.295	0.003	0.156	0.005	0.255	0.006
2015	0.286	0.003	0.092	0.039	0.222	0.011
2016	0.252	0.007	0.115	0.018	0.220	0.011
2017	0.231	0.012	0.112	0.021	0.185	0.025
2018	0.224	0.014	0.109	0.023	0.166	0.037
2019	0.268	0.005	0.136	0.009	0.186	0.025

表 6 – 18　　　区域金融风险（DFSI）的 Moran's I 指数

年份	邻接权重矩阵		地理距离权重矩阵		经济距离权重矩阵	
	I	P – value	I	P – value	I	P – value
2011	0.424	0.000	0.207	0.006	0.330	0.001
2012	0.437	0.000	0.206	0.006	0.313	0.002
2013	0.447	0.000	0.214	0.005	0.315	0.002
2014	0.353	0.001	0.222	0.004	0.360	0.000
2015	0.241	0.013	0.191	0.010	0.322	0.001
2016	0.297	0.003	0.133	0.039	0.323	0.001
2017	0.008	0.066	0.069	0.141	0.278	0.004
2018	0.288	0.005	0.123	0.051	0.285	0.003
2019	0.301	0.003	0.205	0.006	0.386	0.000

从表中可以看出，第一，在三种空间权重矩阵下，区域金融风险 DF-SI、地方政府债务违约距离 DD 的全局 Moran's I 指数都通过了显著性检

验，且均呈现出空间自相关性特征。除了区域金融风险在 2017 年的全局 Moran's I 指数是在 10% 水平上显著之外，其他指标的全局 Moran's I 指数均在 5% 水平上显著，这表明中国区域金融风险、地方政府债务风险空间依赖性显著。第二，变量 DD 和 DFSI 所有年份 Moron's I 指数均显著为正，表明各地区地方政府债务风险呈现空间正相关，地区关联显著；同样，区域金融风险也表现为空间正相关，说明相似地区间空间集聚性较强。从 Moron's I 指数的演变趋势上看，两个变量 2011～2017 年 Moron's I 指数呈下降趋势，但从 2018 年开始呈现明显上升，表明两个变量近两年的空间依赖性开始有所加强。第三，样本期内所有年份变量 DD 和 DFSI 的经济距离权重矩阵和邻接权重矩阵的 Moran's I 指数，都大于地理距离权重矩阵的 Moran's I 指数，说明经济发展程度相似、地理相邻的省份间地方政府债务风险和金融风险的空间关联性更明显。假说 7、假说 8 得到验证。

2. 空间计量模型设计

由于主要变量具有显著的空间自相关特征，地方政府债务对系统性金融风险的影响可能会产生空间溢出效应，导致普通的面板固定效应模型出现估计偏差。为了解决这种可能的估计偏差，本书将构建空间面板模型进一步检验地方政府债务对系统性金融风险影响的空间关联效应。

首先，对不包含空间效应的模型进行 OLS 估计，得到拉格朗日乘数（LM）及其稳健统计量（R - LM），检验结果显示，空间滞后效应和空间误差效应的 P 值都在 1% 统计水平上显著，说明面板计量模型中包含空间效应，可直接建立更具一般意义的空间杜宾模型（SDM）①。

分别运用邻接矩阵、地理距离空间矩阵、经济距离矩阵对空间杜宾模型进行 Hausman 检验（见表 6 - 19），以判断模型的固定效应和随机效应；并对空间杜宾模型进行似然比 LR 检验（见表 6 - 20），以判断其是否会弱化为 SAR 或 SEM 模型，检验结果显示，三类空间权重矩阵均支持双重固定效应的空间杜宾模型。

---

① 目前不同交互效应的空间面板模型主要分三类：被解释变量的内生交互效应、解释变量的外生交互效应以及误差项的交互效应。萨热和佩斯（LeSage and Pace，2009）在空间滞后模型（SAR）、空间误差模型（SEM）的基础上，提倡构建结合内生交互效应和外生交互效应的空间杜宾模型（SDM）。

表 6 – 19	Hausman 检验结果	
权重矩阵	Hausman 统计量	P 值
邻接矩阵 $W1$	67.74	0
地理距离矩阵 $W2$	89.92	0
经济距离矩阵 $W3$	152.99	0

表 6 – 20	LR 检验结果		
权重矩阵	LR　检验	检验统计量	P 值
邻接矩阵	LR – lag	111.37	0
	LR – err	113.58	0
地理距离矩阵	LR – lag	88.96	0
	LR – err	88.89	0
经济距离矩阵	LR – lag	91.72	0
	LR – err	92.16	0

　　因此，本书选用同时包含了被解释变量和解释变量空间滞后项的空间杜宾模型，具体模型设定如下：

$$DFSI_{it} = \alpha + \rho \sum_{j=1}^{N} W_{ij}DFSI_{it} + \beta DD_{it} + \delta X_{it} + \gamma \sum_{j=1}^{N} W_{ij}DD_{it} +$$

$$\lambda \sum_{j=1}^{N} W_{ij}X_{it} + \mu_i + \varphi_t + \varepsilon_{it}$$

$$\varepsilon \in N(0, \sigma^2) \tag{6 – 23}$$

其中，下标 i 和 t 分别表示地区和年份，$DFSI_{i,t}$ 代表区域金融风险，$DD_{i,t}$ 衡量地方政府债务风险，W_{ij} 为合适的空间矩阵，如邻接矩阵、地理距离矩阵、经济距离矩阵。X_{it} 表示控制变量集，具体控制变量与基准模型保持一致，μ_i 和 φ_t 对应地区和时间固定效应，ε_{it} 为随机扰动项，ρ 为空间自回归系数，$W_{ij}DFSI_{it}$ 为区域金融风险的空间滞后项，用以反映区域金融风险的空间加权平均，$W_{ij}DD_{it}$、$W_{ij}X_{it}$ 分别为解释变量和控制变量的空间滞后项，用来反映本省对相邻区域金融风险的影响，β、δ、γ、λ 为相应变量的影响系数。

　　考虑到系统性金融风险的当期结果往往和上期的状态关联，本书借鉴

已有研究（Elhorst，2012），进一步将式（6-23）扩展为包含动态效应的空间杜宾模型，即

$$DFSI_{it} = \alpha + \tau DFSI_{it-1} + \rho \sum_{j=1}^{N} W_{ij} DFSI_{it} + \upsilon \sum_{j=1}^{N} W_{ij} DFSI_{it-1} + \beta DD_{it}$$

$$+ \delta X_{it} + \gamma \sum_{j=1}^{N} W_{ij} DD_{it} + \lambda \sum_{j=1}^{N} W_{ij} X_{it} + \mu_i + \varphi_t + \varepsilon_{it}$$

$$\varepsilon \in N(0, \sigma^2) \qquad (6-24)$$

其中，τ 和 υ 分别为表征时间滞后效应和时空双重滞后效应的弹性系数。与静态 SDM 模型相比，动态 SDM 模型包含有时间滞后效应以及时间和空间双重滞后效应，通常具有更强的解释力。

3. 动态 SDM 模型估计结果分析

表 6-21 同时报告了基准模型、随机效应模型、时间固定效应模型、地区固定效应模型和时间地区双固定效应模型的回归结果。

回归结果显示，（1）与四种空间模型相比，面板 OLS 模型的 R^2 水平相对较低，说明考虑空间因素后，模型的整体解释力度得到增强。（2）从模型拟合度来看，四种空间模型的结果分别为 48.85%、48.44%、53.20%、59.32%，可见其整体解释力较为良好，相对而言，考虑了时间和地区固定的双固定空间模型具有更高的解释力。（3）四种空间模型中被解释变量 DFSI 的空间关联效应 ρ 显著为正，说明区域金融风险存在空间传染性。（4）核心解释变量 dd 的估计系数显著为负，表明地方政府债务风险对本地区金融风险有显著正向影响；并且，核心解释变量 dd 的空间滞后项的回归系数显著为负，说明本地区地方政府债务风险上升还会对区域外其他地区的金融风险产生正向溢出效应，即地方政府债务风险对区域金融风险的影响存在空间溢出效应，假说 9 得到验证。

表 6-21　　　　　　　　空间杜宾模型的回归结果比较

变量	（1）	（2）	（3）	（4）	（5）
	OLS 回归	随机效应	时间固定	地区固定	双固定
dd	-0.0107 ***	-0.0145 ***	-0.0136 ***	-0.0104 ***	-0.0135 ***
	(0.0038)	(0.0021)	(0.0016)	(0.0031)	(0.0029)

续表

变量	（1）	（2）	（3）	（4）	（5）
	OLS 回归	随机效应	时间固定	地区固定	双固定
$W \cdot dd$	—	− 0.0043 （0.0036）	− 0.0025 ** （0.0032）	− 0.0089 ** （0.0070）	− 0.0246 *** （0.0067）
常数项	0.9925 *** （0.2525）	0.7212 ** （0.3301）	—	—	—
Spatial rho （ρ）	—	0.3962 *** （0.0644）	− 0.1521 * （0.0864）	0.4576 ** （0.0595）	0.4527 *** （0.0883）
Variance sigma2_e	—	0.0039 *** （0.0004）	0.0039 *** （0.0003）	0.0032 *** （0.0003）	0.0025 *** （0.0002）
N	270	270	270	270	270
R^2	0.2898	0.4885	0.4844	0.5320	0.5932
F	7.7541	—	—	—	—

注： *** 、 ** 和 * 分别表示在 1% 、5% 和 10% 水平上显著，括号内数值为标准误。

为验证引入动态模型的必要性，表 6 - 22 中列出了三种不同空间矩阵下，具有时间和空间双重固定效应的静态和动态空间杜宾模型的估计结果。

表 6 - 22　　　不同空间矩阵下静态和动态空间杜宾模型估计结果

变量	邻接矩阵		地理距离矩阵		经济距离矩阵	
	静态 SDM	动态 SDM	静态 SDM	动态 SDM	静态 SDM	动态 SDM
dd	− 0.0135 *** （0.0029）	− 0.0112 *** （0.0038）	− 0.0151 *** （0.0031）	− 0.0122 *** （0.0038）	− 0.0139 *** （0.0030）	− 0.0095 ** （0.0038）
$W \cdot dd$	− 0.0246 *** （0.0067）	− 0.0112 *** （0.0083）	− 0.0121 *** （0.0082）	− 0.0014 （0.0095）	− 0.0120 *** （0.0075）	0.0070 *** （0.0085）
$L. Wdfsi$		0.1582 *** （0.1054）		0.3399 *** （0.1169）		0.0504 *** （0.1030）
控制变量	YES	YES	YES	YES	YES	YES
年份固定	YES	YES	YES	YES	YES	YES

续表

变量	邻接矩阵		地理距离矩阵		经济距离矩阵	
	静态 SDM	动态 SDM	静态 SDM	动态 SDM	静态 SDM	动态 SDM
地区固定	YES	YES	YES	YES	YES	YES
Spatial rho	0.4527 *** (0.0883)	0.4148 *** (0.0682)	0.1735 *** (0.1172)	0.4731 *** (0.0785)	0.2333 *** (0.0951)	0.4401 *** (0.0726)
sigma2_e	0.0025 *** (0.0002)	0.0038 *** (0.0003)	0.0026 *** (0.0002)	0.0036 *** (0.0003)	0.0027 *** (0.0002)	0.0038 *** (0.0003)
N	270	240	270	240	270	240
R^2	0.5932	0.6889	0.3615	0.4919	0.5803	0.7440

注：***、** 和 * 分别表示在1%、5%和10%水平上显著，圆括号内为标准误。

回归结果显示，（1）各空间权重矩阵下，区域金融风险的空间滞后项参数估计 rho 均显著为正，表明区域金融风险在空间上存在正向空间交互效应或关联效应。（2）债务违约距离 dd 的空间滞后项参数估计均显著为负，表明在考虑空间影响的情况下，地方政府债务风险的增大对周边地区的系统性金融风险扩散产生了显著的正向影响，本省地方政府债务风险会形成一定程度的"破窗效应"①，增大了邻近省份金融风险。（3）动态 SDM 估计中，上一期区域金融风险的空间滞后项参数估计显著为正，意味着周边地区金融风险的抬升与本地区之间不仅在时间上存在明显的惯性效应，而且在空间上也具有显著的扩散效应。可见，动态 SDM 模型具有更强的解释力。（4）从拟合优度（R^2）来看，各动态 SDM 模型均优于静态 SDM 模型，经济地理矩阵和邻接矩阵优于地理距离矩阵。综上，地方政府债务对区域金融风险的影响存在空间溢出效应，导致区域间的风险外溢和扩张放大，并且地理位置邻近和经济发展水平相近的地区，金融风险溢出效应会更强。假说9得到验证。

4. 动态 SDM 模型的空间效应分析

由于空间杜宾模型设定中包含全局效应，因此模型本身的点估计不能代表解释变量的边际影响（Elhorst，2014），需要进一步分解为直接效应、

---

① "破窗效应"理论认为，环境中的不良现象如果被放任存在，会诱使人们仿效，甚至变本加厉。

间接效应和总效应，才能比较各解释变量间的作用效果差异及其空间外溢效应 (LeSage and Pace, 2009)。此外，动态空间 SDM 模型中由于包含了被解释变量的时间滞后变量以及时间滞后变量的空间滞后项，因而其直接效应和间接效应还有短期效应和长期效应之分。表 6 – 23 报告了三种空间权重矩阵下地方政府债务对系统性金融风险的空间效应估计结果。

表 6 – 23　　三种空间权重矩阵下地方政府债务对系统性金融风险的空间效应估计

变量	权重矩阵	短期效应			长期效应		
		直接效应	间接效应	总效应	直接效应	间接效应	总效应
dd	邻接矩阵	– 0. 0132 *** (0. 0040)	– 0. 0249 ** (0. 0152)	– 0. 0381 *** (0. 0175)	– 0. 0122 *** (0. 0038)	– 0. 0176 ** (0. 0118)	– 0. 0298 *** (0. 0135)
	地理距离矩阵	– 0. 0131 *** (0. 0043)	– 0. 0132 ** (0. 0205)	– 0. 0263 ** (0. 0234)	– 0. 0124 *** (0. 0037)	– 0. 0132 ** (0. 0118)	– 0. 0156 ** (0. 0137)
	经济距离矩阵	– 0. 0050 ** (0. 0041)	– 0. 0093 ** (0. 0158)	– 0. 0143 ** (0. 0182)	– 0. 0093 ** (0. 0042)	– 0. 0046 *** (0. 0174)	– 0. 0139 ** (0. 0201)

注：***、** 和 * 分别表示在 1%、5% 和 10% 水平下显著，圆括号内为标准误。

动态空间杜宾模型的回归显示如下结论。

（1）三种空间权重下，模型中所有变量的总效应都大于直接效应，说明在变量的影响关系中空间因素的影响不可忽视，不考虑空间效应会导致高估解释变量对系统性金融风险的直接效应；多数变量的短期效应大于长期效应，说明大多数解释变量对区域金融风险的短期影响程度更明显。

（2）核心解释变量地方政府债务违约距离的直接效应、间接效应和总效应的回归系数均显著为负，说明地方政府债务风险对区域性金融风险有显著的正向影响，并且这种影响具有空间溢出效应，会导致区域间的金融风险的外溢和放大。在三种空间矩阵下，地方政府债务违约距离的间接效应均大于直接效应，并且邻接矩阵和经济距离矩阵下的系数绝对值大于地理距离矩阵，表明本区域地方政府债务风险的扩大将显著增大本省和地理上相邻或经济发展水平相近的地区的金融风险，同时区域间的影响显著大于对本区域的影响，即地方政府债务风险的区域间边际影响更明显，会扩大对区域金融风险的影响，甚至引发系统性金融风险，说明空间效应的存在具有风险放大效应，这与伏润民（2017）、沈丽（2019）的研究结论一致。此外，三种空间权重矩阵中，地方政府债务风险短期效应的作用效果均大于长期效应，意味着地方政府债务风险对系统性金融风险的短期影响程度更大、效果也更为明显，这与本书宏观层面 TVP – VAR 模型的估计结果一致。

（3）从微观层面控制变量看，无论直接效应、间接效应还是总效应，其中失业率、企业资产负债率、企业亏损率和金融杠杆率对被解释变量的影响，均与 OLS 估计系数一致，且显著为正，表明失业率、企业负债率、企业亏损率和金融杠杆率与本区域金融风险呈正相关关系，并且存在一定负外部性，即会通过区域间的关联对其他省份区域金融风险产生正向溢出效应，加剧区域金融风险。

（4）从宏观层面控制变量看，GDP 增长率的直接效应、间接效应和总效应均为负值，说明 GDP 增长率对本区域金融风险具有缓冲作用，并对区域外的地区金融风险具有正外部性，即对其他地区的金融风险具有抑制作用。而固定资产投资和城镇化率的直接效应、间接效应和总效应均为正值，说明固定资产投资和城镇化与区域内金融风险正相关，这意味着我国目前固定资产投资主要是大型重工业企业，投资效益不高，加之城镇化进程中催生的土地融资，进而引发的高房价，可能不仅会加大本地区金融风险爆发的可能性，而且会在一定程度上抬升区域间金融风险。

5. 稳健性检验

为确保模型估计结果的可靠性，本书采用更换核心解释变量的方法对结果进行进一步稳健性检验，选取地方政府债务率指标作为地方政府债务风险的代理变量，这一指标体现了地区综合财力对地方政府债务的承载能力。

表 6 – 24 列示了政府债务率（debtrate）作为替代变量的回归结果，结果显示虽然系数大小有改变，但是地方政府债务风险对区域性金融风险的影响方向保持一致，并且显著性较强，表明本书研究结果依旧稳健，说明本书的结论依然成立，由此证实了模型结果的稳健性。

表 6 – 24   稳健性检验结果

变量	邻接矩阵		地理距离矩阵		经济距离矩阵	
	静态 SDM	动态 SDM	静态 SDM	动态 SDM	静态 SDM	动态 SDM
debtrate	0.0774 *** (0.0237)	0.0794 *** (0.0297)	0.0819 *** (0.0238)	0.0832 *** (0.0294)	0.0865 *** (0.0237)	0.0772 ** (0.0307)

续表

变量	邻接矩阵		地理距离矩阵		经济距离矩阵	
	静态 SDM	动态 SDM	静态 SDM	动态 SDM	静态 SDM	动态 SDM
W · debtrate	0.0203 ***	0.0666 ***	0.0635	0.1104 **	0.0754 ***	0.0080 ***
	(0.0584)	(0.0672)	(0.0686)	(0.0775)	(0.0486)	(0.0558)
L. Wdfsi	—	0.0892	—	0.3108 ***	—	0.0687
		(0.1038)		(0.1154)		(0.1011)
控制变量	YES	YES	YES	YES	YES	YES
年份固定	YES	YES	YES	YES	YES	YES
地区固定	YES	YES	YES	YES	YES	YES
Spatial rho	0.0287 ***	0.4223 ***	0.0329 ***	0.4739 ***	0.0285 ***	0.4425 ***
	(0.0883)	(0.0684)	(0.1165)	(0.0785)	(0.0960)	(0.0729)
sigma2_e	0.0027 ***	0.0038 ***	0.0027 ***	0.0036 ***	0.0027 ***	0.0038 ***
	(0.0002)	(0.0003)	(0.0002)	(0.0003)	(0.0002)	(0.0003)
N	270	240	270	240	270	240
R^2	0.1426	0.2534	0.1964	0.1393	0.3134	0.3157

注：***、** 和 * 分别表示在 1%、5% 和 10% 水平下显著，括号内数值为标准误。

第 7 章　地方政府债务影响系统性金融风险的实证分析——微观层面

7.1　微观层面地方政府债务的测度

前文已经从宏观和中观层面度量了地方政府债务风险，主要使用了地方政府债务率指标，以及 CCA 风险指标地方政府债务违约距离，本章从微观公司层面度量地方政府债务风险，将采用市场化的高频率指标——城投债与国债利差，主要基于以下考虑。

第一，市场化的高频率指标可以很好地满足本章动态建模的要求。城投债价格信息更具高频性和时效性，样本数据足够丰富，可以更好地满足本章动态建模的要求。相比之下，宏观和中观层面的地方政府债务风险指标，多建立在债务额基础之上，数据频度低，信息量不充分，高频数据正好可以弥补其不足，形成有效的补充。

第二，城投债能很好地从微观公司角度反映地方政府融资平台公司的违约风险。在 2015 年新预算法实施前，城投债是我国地方政府融资平台的主要融资工具，发行量大且交易市场发展较为成熟，2014 年城投债发行量超过了国债。因此在 2007 ～ 2014 年的样本区间内，城投债具有一定的代表性，以城投债作为地方政府债务的代理变量，可以很好地从融资平台公司角度反映地方政府债务风险。

第三，城投债与国债利差一定程度上可以反映地方政府债务违约风险的市场评估信息。债券的收益率价差是评估债券风险的常用指标，国债收益率曲线作为债市信用最高的债券，是各类其他债券定价的基准，用城投债与同期限国债利差可以较好地反映城投债违约风险的高低。

7.2　微观层面系统性金融风险的测度

7.2.1　SCCA 模型构建

SCCA（Systemic CCA）模型是在 CCA 模型的基础上引入极值 Copula 方法，将单个公司的违约概率分布连接起来，得到多个公司的联合违约概率分布函数，从而得到能够刻画系统性风险的工具。

CCA 模型基于 Black－Scholes 期权定价公式，其建模思路是将持有公司的股票看作持有一份该公司资产价值的看涨期权（call option），当未来资产价值大于负债时获取额外利润，而当未来公司资不抵债时则不需要承担无限连带责任。因此当公司股票可以在二级市场交易（即具有市场化的价值）时，可以通过期权定价公式计算出公司资产的隐含价值，进一步地，在风险中性测度下可以计算出其资不抵债的概率，建立如下模型。

$$S_t = V_t N(d_1) - B_t e^{-rT} N(d_2) \qquad (7-1)$$

$$d_1 = [\ln(V_t/B_t) + (r + 0.5\sigma_v^2)T]/[\sigma_v \sqrt{T}] \qquad (7-2)$$

$$d_2 = d_1 - \sigma_v \sqrt{T} \qquad (7-3)$$

其中，S 为公司股票价值，V 为公司资产价值，B 为公司负债，r 为无风险利率，用来代替难以精确估计的资产期望收益率，T 为期权到期时间，σ_v 为公司资产价值波动率，$N(\bullet)$ 表示标准正态分布。此外，还存在以下关系：

$$S_t \sigma_s = V_t \sigma_v N(d_1) \qquad (7-4)$$

其中，σ_s 是股票价值波动率，式（7-1）至式（7-4）联立即可求解出隐含资产和隐含资产波动率序列。

CCA 模型假设当公司资产的市场价值大于债务价值时公司按期偿还贷款，但当公司资产的市场价值小于债务价值的某个水平时，公司将会违约。由此定义违约概率（P）、债务阈值（DP）及违约距离（DD）：

$$P = P(V_t \leqslant B_t) = N\left(-\frac{\ln(V_t/B_t) + (r - 0.5\sigma_v{}^2)T}{\sigma_v\sqrt{T}}\right) = N(-d_2)$$

$$(7-5)$$

$$DP_t = SD_t + 0.5LD_t \qquad\qquad (7-6)$$

$$DD_t = \frac{E(V) - DP_t}{E(V)\sigma_v} \qquad\qquad (7-7)$$

需要指出的是，式（7-7）在风险中性测度下定义违约距离，是为了将不同行业的公司信用风险进行标准化以便于横向比较，本书在具体实施中考虑到所有样本均来自单一行业，因此采用巴曙松等（2013）更直观的方法来定义违约距离。其中，SD 为短期负债，LD 为长期负债，其余变量含义同上。实际应用中，由已知的公司股权价值、公司负债情况、无风险利率等数据，根据式（7-1）至式（7-7），可以利用迭代方法计算出公司的隐含资产价值 V 及其波动率 σ_v，以及违约概率 P、违约距离 DD 等指标。

将 CCA 扩展到 SCCA 时，并非直接引入 Copula 函数，而是利用了金融机构之间在危机爆发时损失的高度相关性，首先建立各金融机构损失的尾部概率分布，然后对尾部损失概率使用 Copula 函数进行连接，得到尾部损失的联合概率分布。

7.2.2 系统性金融风险的度量——基于 SCCA 模型

借鉴巴曙松等（2013）研究我国银行业系统性风险时采用的方法，对 CCA 方法估计出来的单个机构隐含资产序列分别进行一阶差分，得到金融机构的每日资产减值损失额：

$$L_t^j = \max\left[-(V_t^j - V_{t-1}^j), 0\right] \qquad (7-8)$$

其中，V_t^j 表示机构 j 在第 t 期的隐含资产价值，L_t^j 表示机构 j 在第 t 期的单日资产减值额，若出现 $L_t^j + B_t^j > V_t^j$（B_t^j 表示机构 j 在第 t 期的风险债务价值），则表示违约出现。由于上文中 CCA 方法可计算出每日隐含资产价值 V_t^j，通过分段线性插值方法可以根据季度负债数据估计出的每日 B_t^j，因此为测度违约风险，只需估计出 L_t^j 的分布函数即可。

常用于刻画金融数据"厚尾"特征的分布函数有广义极值分布和广义帕累托分布等，考虑到使用广义帕累托分布时对数据样本的利用率较高，无论在小样本还是大样本估计中均有不错的性质，因此本书选取的边际分布函数是广义帕累托分布函数：

$$F(L_t^j) = 1 - \left(1 + \gamma_j \frac{L_t^j - \mu_j}{\sigma_j}\right)^{-\frac{1}{\gamma_j}} \qquad (7-9)$$

式中，μ_j 表示的是尾部的阈值，即只对超过阈值的损失样本 L_t^j 进行估计，未达阈值的样本在进行极大似然估计时均替换为阈值。本书取的阈值为各金融机构当日损失的 75% 分位数。

为建立系统性金融风险的测度指标，需引入 Copula 函数并估计多元广义帕累托 Copula 分布函数[①]，其具体形式为：

$$F(L_t^1, L_t^2, \cdots, L_t^n) = \exp\left\{-\left[\sum_j\left[-\log\left(1 - \left(1 + \gamma_j \frac{L_t^j - \mu_j}{\sigma_j}\right)^{-\frac{1}{\gamma_j}}\right)\right]^\alpha\right]^{\frac{1}{\alpha}}\right\}$$

$$(7-10)$$

当金融机构个数较多时，从上述分布函数推导出的概率密度函数会十分复杂，直接使用 MLE 估计出所有参数的可行性较低，因此借鉴已有学者（Joe and Xu，1996；Joe，1997）提出的两步极大似然估计（IFM），即首先估计边际分布中的参数，然后代入样本数据计算出概率值之后再代入 Gumbel Copula，估计出连接系数 α。

定义单个金融机构的违约距离为 $D_t^j = V_t^j - B_t^j$，违约事件为 $A_t =$ "一家或一家以上金融机构发生违约"，因此基于估计出的多元广义帕累托 Copula 分布函数得到的联合违约概率为：

$$P(A_t) = 1 - F(D_t^1, D_t^2, \cdots, D_t^n) \qquad (7-11)$$

---

① 此处使用了 Gumbel Copula 函数，借鉴了劳拉等（Laura et al.，2011）、巴曙松等（2013）的建模思路。

7.3 微观层面地方政府债务对区域金融风险的影响

7.3.1 模型构建——基于 SCCA – VAR 模型

考虑到金融时间序列数据具有高度敏感性，本书采用动态建模的方法。若理论假设无误，系统性金融风险与地方债务风险之间会呈现出显著的短期联动性质，必须使用动态模型来刻画。本书进行动态建模考虑使用 SCCA – VAR 模型，即将 SCCA 风险指标纳入向量自回归（VAR）模型：

$$FI_t = c + \sum_{i=1}^{k} \alpha_i FI_{t-i} + \sum_{i=1}^{k} \beta_i GI_{t-i} + \mu_t \qquad (7-12)$$

其中，FI 为系统性金融风险 SCCA 指标，GI 为地方政府债务风险指标，本书使用的是城投债利差，α 和 β 分别为其回归系数，c 为常数，k 为滞后期数，μ_t 为随机扰动项。

7.3.2 数据选择与整理

本书中使用的原始数据包括：2005 年 1 月 4 日至 2016 年 9 月 30 日共 16 家上市银行[①]的股价数据（向前复权、日度频率）、债务数据（季度频率），2005 年 1 月 4 日至 2016 年 9 月 30 日 1 年、3 年、5 年、7 年、10 年期国债到期收益率，2008 年 8 月 14 日至 2016 年 9 月 30 日各信用级别的 1 年、3 年、5 年、7 年、10 年期城投债到期收益率，2007 年 9 月 20 日至 2008 年 8 月 14 日发行上市的共 21 只城投债的到期收益率数据。以上数据均来自 Wind 和国泰安数据库。

由于样本的时间跨度较大，16 家上市银行中有 5 家在 2007 年 1 月之前就已上市，有 13 家在 2007 年 9 月 20 日之前上市，因此本书做了一个分样本处理，将银行业总样本分为三部分：最早上市的 5 家银行、2007 年

---

① 考虑到中国的金融体系为银行主导，系统性风险主要来源于银行业风险，而银行业绝大部分资产来自上市银行，因此本书只将上市银行作为系统性金融风险的研究样本。

9 月底之前上市的 13 家银行、2010 年 8 月底之前上市的 16 家银行，分别进行研究。

　　本书参考王晓凤（2010）的方法，将同业存放、向中央银行借款、拆入资金、交易性金融负债、卖出回售金融资产、应付职工薪酬、应付税费、其他负债作为短期负债，将吸收存款、应付利息、应付债券、预计负债、递延所得税负债等计入长期负债，由此计算得到风险债务的季度数据。进一步地采用分段线性插值法，得到风险债务的日度数据。[①]

　　在计算城投债利差时，选取的是 10 年期 AAA 级城投债[②]与 10 年期国债的到期收益率。由于 Wind 中城投债交易数据只有 2008 年 8 月之后的，本书根据 2007 年 9 月至 2008 年 8 月上市交易的各只 AAA 级 10 年期城投债在二级市场的交易数据手工整理出了该时间段内的城投债到期收益率数据[③]。本书的数据处理与模型估计部分分别借助了 Matlab、R、SAS 和 Eviews 等软件。

　　首先估计出各银行的隐含资产和隐含资产波动率序列，即解出式（7-1）至式（7-4）中 V_t^j 与 σ_{vt}^j 的数值解。由于求数值解常常有不稳定的问题（有多个局部解时会非常依赖初始值），本书采用了两种方法，第一种方法是直接使用 Matlab2011a 中的 fsolve 函数求解联立方程组，其中设隐含资产的初始值为风险债务与股权市值之和，设隐含资产波动率的初始值为 1；第二种方法是编程迭代，即先估计出权益波动率，作为隐含资产波动率的初始值，然后求解式（7-1）至式（7-3），得到一组隐含资产序列，计算出隐含资产波动率，作为新的初始值，再次求解式（7-1）至式（7-3），反复迭代，直到相邻两次计算出的隐含资产波动率差值小于 0.0001。经计算发现，两种方法得到的隐含资产及资产波动率十分接近，且基本不受到初始值选择的影响，[④] 说明在 CCA 模型中，数值解具有很好的全局最优性质。值得一提的是，本书参考已有研究（Jobst and Gray，2013）的滚动窗口估计方法，每个时间点上的波动率采用的是前后 120 个观测值作为估计的时间窗口。利用估计出的隐含资产序列按照式

---

①　分段线性插值方法在 Matlab 中编程实现。
②　不同期限和信用级别对本书实证结果的影响不大，后文稳健性检验中进行了论证。
③　符合条件的城投债数据共有 4 只，取算术平均值。
④　隐含资产波动率的初始值设定为 0.5~3 之间的任意值，解出的数值解序列基本相同。

（7-8）计算出每日资产减值损失额 L_t^j 序列。

得到 L_t^j 之后，按照式（7-9）的定义估计广义帕累托分布函数中的参数 σ_j, γ_j，这一步也是在 Matlab 中使用 gpfit 函数完成，估计结果如表 7-1 所示。

表 7-1 边际损失分布参数估计结果

银行名称	股票代码	σ_j	γ_j
平安银行	000001	71.7089 *** [4.5611]	0.4810 *** [0.0539]
宁波银行	002142	0.7172 *** [0.0470]	0.1969 *** [0.0507]
浦发银行	600000	9.4010 *** [0.5953]	0.4424 *** [0.0532]
华夏银行	600015	2.2822 *** [0.1307]	0.2627 *** [0.0439]
民生银行	600016	20.5153 *** [1.1966]	0.2572 *** [0.0454]
招商银行	600036	10.1099 *** [0.5667]	0.2125 *** [0.0420]
南京银行	601009	0.6559 *** [0.0432]	0.3031 *** [0.0519]
兴业银行	601166	5.8342 *** [0.3797]	0.2878 *** [0.0515]
北京银行	601169	1.7275 *** [0.1174]	0.2106 *** [0.0533]
农业银行	601288	7.8753 *** [0.6125]	0.2683 *** [0.0597]
交通银行	601328	3.5458 *** [0.2394]	0.2524 *** [0.0539]
工商银行	601398	14.1829 *** [0.9839]	0.2703 *** [0.0569]

续表

银行名称	股票代码	σ_j	γ_j
光大银行	601818	1. 8497 *** [0. 1539]	0. 2762 *** [0. 0663]
建设银行	601939	2. 3736 *** [0. 1885]	0. 2338 *** [0. 0622]
中国银行	601988	9. 3807 *** [0. 6082]	0. 3388 *** [0. 0526]
中信银行	601998	3. 8215 *** [0. 2405]	0. 1779 *** [0. 0474]

注：银行资产负债表数据的计量单位为十亿元人民币，*** 表示在 1% 水平上显著，方括号内为参数估计的标准差。

由表 7 - 1 可以看出，所有的参数均在 99% 的显著性水平下显著，说明广义帕累托分布很好地刻画了损失概率分布。不同银行之间的 σ_j 值有较大差异，原因在于不同银行的资产规模差异，而 σ_j 并非一个去量纲化的参数。

利用式（7 - 10），第二阶段的 MLE 在 R3. 3. 2 中完成，利用其内置的 Gumbel Copula 函数。前文中已提到，进行这部分的估计之前，将总样本分为三个子样本，其中样本 1 是 5 家最早上市的银行，时间跨度为 2005 年 1 月 6 日至 2016 年 9 月 30 日，样本 2 是 13 家银行的数据，时间跨度为 2007 年 10 月 8 日至 2016 年 6 月 30 日，而样本 3 是所有 16 家银行的数据，时间跨度为 2010 年 8 月 20 日至 2016 年 6 月 30 日。估计结果见表 7 - 2。

表 7 - 2　　　　　　　　Gumbel Copula 连接函数估计结果

项目	样本 1	样本 2	样本 3
观测值个数	2707	2150	1469
变量个数	5	13	16
α	1. 825 *** [0. 022]	2. 173 *** [0. 049]	2. 519 *** [0. 101]

注：*** 表示在 1% 的水平下显著，方括号内为参数估计的标准差。

由表7-2可以看出，三个样本中α均在99%的显著水平下显著，且随着变量个数的增加，α逐渐增大。综合考虑三个样本，时间跨度最长的样本1包含的银行家数过少，在2007年之后并不能代表银行业总体的系统性风险，而变量个数最多的样本3是在2010年8月之后的，2008年金融危机并没有包括在内，因此我们重点选取样本2进行下面的研究，其余样本作为实证结论的稳健性检验在附录中给出。

根据式（7-11）计算出银行业联合违约概率（见图7-1）。

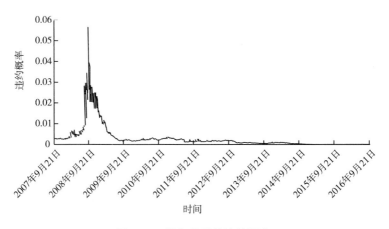

图7-1 银行业整体违约概率

图7-1是单日的银行业违约概率曲线，在金融危机时的峰值达到了5.6%，表示的是当天至少有1家银行违约的概率。而金融危机之前与之后的违约概率都较低，均在0.3%以下，表明发生系统性金融风险的概率很小。图7-2给出了单个银行的违约概率曲线，其中兴业银行（601166）、浦发银行（600000）和平安银行（000001）在金融危机期间的违约概率较高，四大国有银行的违约概率均较低。

7.3.3　实证分析

为探究系统性金融风险与地方政府债务风险之间的动态影响机制，本书建立了向量自回归（VAR）模型。将计算出的银行业单日联合违约概率作为系统性金融风险的代理变量，将10年期AAA级城投债与10年期国债利差作为反映地方政府债务风险的代理变量，这部分估计在Eviews 7.0

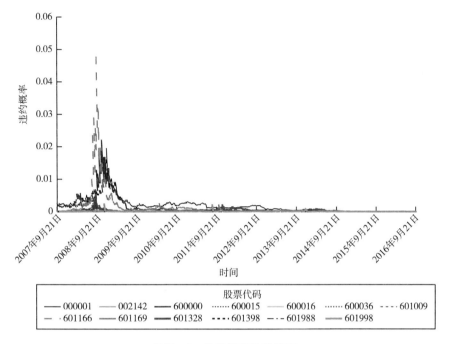

图 7 - 2　单家银行违约概率

资料来源：Matlab 软件输出。

中完成，结果如图 7 - 3 所示。

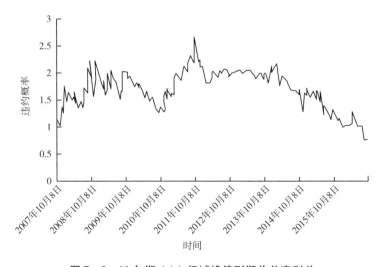

图 7 - 3　10 年期 AAA 级城投债到期收益率利差

从图 7-3 可以看出，城投债利差在金融危机期间处于较高水平，随着危机的逐渐平息，利差有所回落，但 2010 年年末之后又急剧上升，2011 年后半年达到峰值，其原因在于 2011 年 6 月曝出的云投集团违约以及之后的一系列城投公司财务问题，也正是这段时间地方政府债务风险问题引发了社会广泛关注。

进行时间序列建模首先要检验变量的平稳性，分别对银行业联合违约概率和城投债利差做 ADF 检验，结果见表 7-3。

表 7-3　　　　　　　　　　ADF 检验结果

变量	P 值	P 值（一阶差分）
Banking_default	0.0350 **	—
Municipal_bond	0.3810	0 ***

原序列中银行违约概率是平稳的，但城投债利差非平稳，进行一阶差分之后平稳，因此对城投债利差进行一阶差分处理。若两变量之间存在显著的协整关系，那么建立的 VAR 模型就是有偏的错误估计，因此需检验两者之间是否存在协整关系，见表 7-4。

表 7-4　　　　　　　　　　协整检验结果

变量	Eigenvalue	Trace Statistic	0.05 Critical Value	Prob
None	0.176716	422.2673	15.49471	0.0001
At most 1	0.003601	7.690389	3.841466	0.0055

表 7-4 说明了两变量序列之间不存在协整关系。VAR 模型假定两个变量均为内生变量，因此从理论上应当是互为因果的关系，需进行格兰杰因果检验加以验证，结果见表 7-5。

表 7-5　　　　　　　　　　格兰杰因果检验结果

原假设	F - statistic	Prob
BANKING_DEFAULT 不是 MUNICIPAL_BOND 的格兰杰原因	2.43594	0.0453 **
MUNICIPAL_BOND 不是 BANKING_DEFAULT 的格兰杰原因	4.50045	0.0013 ***

注：***、** 分别表示在 1%、5% 的水平上显著。

表7-5表明两变量之间是显著的双向因果关系，可以建立VAR模型。根据SC准则，确定VAR模型的最优滞后阶数为4阶，VAR模型回归结果见表7-6。

表7-6　　　　　　　　　　　　　VAR模型回归结果

因变量	c	Banking（-1）	Banking（-2）	Banking（-3）	Banking（-4）
Municipal	-0.000 （-0.141）	1.6158** （1.9856）	-2.7020*** （-2.7609）	-0.6640 （-0.6783）	1.7422** （2.1410）
因变量	c	Municipal（-1）	Municipal（-2）	Municipal（-3）	Municipal（-4）
Banking	0.000 （1.354）	0.0010* （1.7557）	0.0020*** （3.4569）	-0.0000 （-0.1731）	0.0008* （1.4919）

注：***、**和*分别表示在1%、5%和10%水平上显著，括号内数值表示参数估计的t统计量。

从模型的回归结果来看，城投债利差的滞后项对银行违约概率的影响均为正向显著，而银行违约概率的滞后项对城投债利差的影响则有正有负，难以判断总效应的符号。因此，地方政府债务风险的增加会造成系统性金融风险的增加，反过来则不成立。基于Cholesky分解的脉冲响应分析如图7-4、图7-5所示。

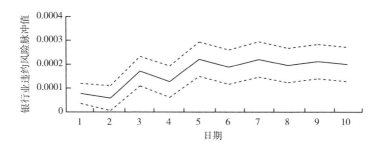

图7-4　政府债务风险对银行业的冲击

注：图中虚线表示5%的置信区间，图7-5同。

图7-4的脉冲图表示城投债利差一单位标准差正向冲击对银行业违约风险的影响显著为正，图7-5的脉冲图表示银行业违约风险一单位标准差的正向冲击对城投债利差的影响并不显著。脉冲响应分析的结论与VAR模型估计结果一致。

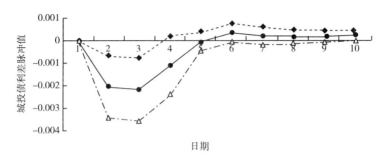

图 7 – 5　银行业风险对政府债务的冲击

7.3.4　实证结论

本章研究了中国系统性金融风险与地方政府债务风险之间的动态影响，通过 SCCA 模型计算出银行业的联合违约概率作为系统性金融风险的代理变量，同时计算出城投债的利差作为地方政府债务风险的代理变量，构建双变量 SCCA – VAR 模型，验证了理论假设。

本章的主要结论为：地方政府债务风险是导致系统性金融风险升高的重要因素，体现在城投债利差的扩大会显著、长期地提升银行业的违约风险；此外，这一影响是单向的，系统性金融风险的提升并不能显著增加地方政府债务风险。

研究仍有较多需要完善和改进的地方，如 SCCA 估计中虽然使用了滚动窗口估计的方法去估计波动率的初始值，但受限于编写的极大似然估计函数的计算能力，并没有在参数估计阶段实现动态化估计，因此等于假定了每家银行在不同时刻的损失分布是相同的，这明显是不合理的。此外，稳健性检验中应当加入划分时间段的分样本检验，保证实证结论的稳健性。

第8章　基于宏观层面因素的进一步分析

宏观层面看，我国经济新常态下，经济增长阶段发生根本性转换，经济下行的压力不断加大，在此背景下，一方面经济结构转型，消化产能任务繁重，进一步加剧了我国宏观经济环境的不确定性；另一方面，先进技术与金融领域的深度融合，催生了以大数据、智能算法、云计算等为支撑的数字金融，数字金融依靠这些先进技术重塑了金融业态，有助于缓解单一银行信贷模式造成的融资约束。地方政府作为市场融资主体，数字金融的发展是否也能缓解地方政府债务风险？此外，在地方政府债务风险日益凸显背景下，政府也数次发文全面规范地方政府债务管理，政府政策实施的效果如何？对以上问题的进一步探讨，不仅有助于了解宏观经济变化以及政府政策对地方政府债务带来的经济后果，也能够为政府推动经济高质量发展和防控系统性金融风险等一系列经济政策提供理论支撑。

8.1　基于经济增长率变化因素的分析

8.1.1　理论分析及研究假设

经济下行压力是目前我国最重要的宏观经济背景，尤其疫情的冲击使得宏观经济受到进一步影响，在此背景下，地方政府债务与系统性金融风险的关系呈现出与以往不同的特点。以往债务的积累期往往发生在经济的复苏或高涨期，而现在的债务积累期和经济衰退期的双重叠加。一方面，从地方经济发展水平来看，经济增长率持续下降，地方经济增速放缓，消费和投资水平下滑，地方政府财政收入减少，相应可担保财政收入水平下滑，地方政府债务违约风险上升。另一方面，当消费和投资水平下滑时，地方政府为了维持经济增长，刺激经济，必然要加大政府支出，在财政预算资金有限的情况下，地方政府财政收支缺口越来越大，便会通过加大举债力度完成相应资金筹措，无疑也导致了债务风险的进一步积累。2020年我国地方政府专项债券规模提升至 3.75 万亿元，并首次发行了 1 万亿元抗疫特别国债，专项债务在全国地方政府债务中的占比首次超过了一般债务，地方政府债务余额增长率上升到了 20.42%。

本书第 5 章的 MS - VAR 实证分析中也显示，2020 年我国一直处于中高金融风险压力区，在此区间金融风险压力与宏观经济的关联性显著增强，如果经济压力持续上升，会显著增大系统性金融风险压力。

因此，本书提出以下假说。

假说 10：经济增长率下降会进一步加剧地方政府债务风险对系统性金融风险的正向冲击，增大系统性金融风险压力。

8.1.2 实证分析

下面考察经济下行背景下，经济增长率下降是否会加剧地方政府债务对系统性金融风险的正向影响，我们在第 6 章的空间杜宾模型基础上，设置经济增长率与地方政府债务变量的交互项 $DD \times gdp$，分别通过构建静态空间杜宾模型（8-1）和动态空间杜宾模型（8-2）来判断在宏观经济增长变化冲击下，地方政府债务风险对系统性金融风险的影响程度，以对假说 10 进行验证。

模型（8-1）、模型（8-2）构建如下：

$$DFSI_{it} = \alpha + \rho \sum_{j=1}^{N} W_{ij}DFSI_{it} + \beta DD_{it} + \theta DD_{it} \times GDP_{it} + \delta X_{it} + \gamma \sum_{j=1}^{N} W_{ij}DD_{it}$$

$$+ \vartheta \sum_{j=1}^{N} W_{ij}DD_{it} \times GDP_{it} + \lambda \sum_{j=1}^{N} W_{ij}X_{it} + \mu_i + \varphi_t + \varepsilon_{it} \quad (8-1)$$

$$DFSI_{it} = \alpha + \tau DFSI_{it-1} + \rho \sum_{j=1}^{N} W_{ij}DFSI_{it} + \upsilon \sum_{j=1}^{N} W_{ij}DFSI_{it-1} + \beta DD_{it} + \theta DD_{it}$$

$$\times GDP_{it} + \delta X_{it} + \gamma \sum_{j=1}^{N} W_{ij}DD_{it} + \vartheta \sum_{j=1}^{N} W_{ij}DD_{it} \times GDP_{it}$$

$$+ \lambda \sum_{j=1}^{N} W_{ij} X_{it} + \mu_i + \varphi_t + \varepsilon_{it} \tag{8-2}$$

其中，θ 和 ϑ 分别为表征时间滞后效应和时空双重滞后效应的弹性系数，是我们重点关注的系数，除交互项外，其他控制变量选取均与第 6 章空间杜宾模型即式 （6 – 23） 和式 （6 – 24） 保持一致。

表 8 – 1 列出了三种不同空间矩阵下，具有时间和空间双重固定效应的静态和动态空间杜宾模型的估计结果。结果显示，三种空间矩阵下交互项 $dd \times gdp$ 系数在 10% 的水平上显著为负，交互项的空间滞后项 $dd \times gdpd$ 系数在 5% 的水平上显著为负，其中，邻接矩阵和经济距离矩阵下的效果较地理距离矩阵更为明显，说明 GDP 增长率下滑的确加剧了地方政府债务风险对系统性金融风险的正向冲击，并且 GDP 增长率的下降具有空间溢出效应，会对地理位置邻近或经济发展水平相近的地区产生较强的正外部性，会加剧这些地区的金融风险。假说 10 得到验证。

表 8 – 1 　　空间杜宾模型回归结果 （考虑经济增长率的调节作用）

变量	邻接矩阵		地理距离矩阵		经济距离矩阵	
	静态 SDM	动态 SDM	静态 SDM	动态 SDM	静态 SDM	动态 SDM
dd	– 0. 0131 ***	– 0. 0113 ***	– 0. 0141 ***	– 0. 0113 ***	– 0. 0140 ***	– 0. 0099 ***
	（0. 0029）	（0. 0038）	（0. 0031）	（0. 0037）	（0. 0030）	（0. 0037）
$dd \times gdp$	– 0. 0180 *	– 0. 0272 **	– 0. 0056 *	– 0. 0125 *	– 0. 0162 *	– 0. 0395 **
	（0. 0180）	（0. 0245）	（0. 0182）	（0. 0232）	（0. 0190）	（0. 0247）
gdp	– 0. 0035 **	– 0. 0492 **	– 0. 0411 *	– 0. 0489 *	– 0. 0053 **	– 0. 0707 **
	（0. 0858）	（0. 1027）	（0. 0890）	（0. 1004）	（0. 0878）	（0. 1000）
$W \times dd$	– 0. 0252 ***	– 0. 0121 ***	– 0. 0153 ***	– 0. 0008 ***	– 0. 0140 ***	– 0. 0039 ***
	（0. 0067）	（0. 0084）	（0. 0126）	（0. 0138）	（0. 0075）	（0. 0085）
$W \times dd \times gdp$	– 0. 0356 **	– 0. 0537 **	– 0. 0123 **	– 0. 0577 **	– 0. 0865 ***	– 0. 1265 ***
	（0. 0333）	（0. 0510）	（0. 0526）	（0. 0578）	（0. 0399）	（0. 0504）
$W \times gdp$	– 0. 0614 **	– 0. 1405 *	– 0. 2356 **	– 0. 4115 ***	– 0. 2056 **	– 0. 0708 *
	（0. 1591）	（0. 1791）	（0. 2276）	（0. 2402）	（0. 1743）	（0. 1837）
$L. Wdfsi$		0. 1579 **		0. 3217 **		0. 0645 **
		（0. 1060）		（0. 1369）		（0. 1021）

续表

变量	邻接矩阵		地理距离矩阵		经济距离矩阵	
	静态 SDM	动态 SDM	静态 SDM	动态 SDM	静态 SDM	动态 SDM
控制变量	YES	YES	YES	YES	YES	YES
年份固定	YES	YES	YES	YES	YES	YES
地区固定	YES	YES	YES	YES	YES	YES
Spatial rho	0.0465 ** (0.0882)	0.4188 *** (0.0681)	− 0.0796 ** (0.1498)	0.5257 *** (0.0817)	0.0204 ** (0.0953)	0.4697 *** (0.0717)
sigma2_e	0.0025 *** (0.0002)	0.0038 *** (0.0003)	0.0026 *** (0.0002)	0.0035 *** (0.0003)	0.0026 *** (0.0002)	0.0037 *** (0.0003)
N	270	240	270	240	270	240
R²	0.2540	0.2957	0.2016	0.1680	0.2007	0.2801

注：*** 、** 和 * 分别表示在1% 、5% 和10% 水平上显著，括号内数值为标准误。

可见，经济下行会加剧地方政府债务风险对系统性金融风险的冲击，宏观经济环境的恶化会使系统性金融风险压力不断增大，进一步说明在我国特殊经济环境背景下，分析地方政府债务风险与系统性金融风险的关系，仅针对微观层面的分析是不够的，还需要综合考虑复杂的宏观经济环境。新形势下，加快构建双循环新发展格局，以创新驱动实现经济的高质量发展，对防范我国系统性金融风险具有重要意义。

8.2 基于数字金融因素的分析

在我国经济下行背景下，能否克服转型期的束缚、实现新的动态均衡，取决于中国经济发展中新旧动能转换是否成功，而创新是引领发展的第一动力。数字金融作为科技赋能金融的新兴金融业态，不仅具有创新溢出效应，而且能产生"弯道超车"的新动力，或许还能对地方政府债务问题和系统性金融风险防范提供全新的解决方案，值得我们加以重视和关注。

8.2.1　理论分析及研究假设

关于数字金融给我国经济与金融等领域带来的影响效应问题，学术界已从融资需求、货币政策、银行竞争、地区创业与企业创新、经济增长等多个角度开展了相关研究。其中具有代表性的观点有：数字金融依靠云计算技术和大数据分析提高了金融市场运行效率，可以更科学地为地方政府债券的期限和规模进行评定，保障了投资主体的基本利益，增强了融资资本的流动性（Schwert，2017）。数字金融发展对地方政府债务融资效率具有积极作用，不仅提升了债务融资规模，还抑制了融资成本和融资风险（侯世英等，2020）。数字金融发展可以提高我国货币政策的效果（战明华等，2020），可以通过促进银行竞争改善我国商业银行的成本效率（封思贤和郭仁静，2019），能够通过校正传统金融中存在的"属性错配""领域错配"和"阶段错配"，有效解决企业的"融资难、融资贵"问题（唐松等，2020），并且能够促进技术创新与地区创业（谢绚丽等，2018），进而推动了我国的经济增长（钱海章等，2020）。这些研究大多肯定了数字金融对我国的积极影响。

传统金融模式无法满足政府债务融资需求（周正祥等，2015），而数字金融具有普惠包容的特质，一方面有助于降低债务融资成本，缓解区域金融发展滞后引发的地方政府融资困境，降低债务融资风险（侯世英等，2020），另一方面，数字金融有助于提高金融市场运行效率，提升金融体系内部抗风险能力，降低系统性金融风险。

据此，本书提出以下假设。

假设 11：数字金融具有一定的调节作用，能够缓解地方政府债务风险对系统性金融风险的正向冲击。

8.2.2　实证分析

本书选择北京大学中国数字金融研究中心编撰的 2011～2019 年中国各省份数字普惠金融指数（除以 100）作为数字金融的代理变量（*Digi*），仍然在第 6 章的空间杜宾模型基础上，通过设置数字金融与地方政府债务

变量的交互项 $DD \times Digi$，分别构建静态空间杜宾模型（8-3）和动态空间杜宾模型（8-4），对假说11进行检验，具体模型构建如下：

$$DFSI_{it} = \alpha + \rho \sum_{j=1}^{N} W_{ij}DFSI_{it} + \beta DD_{it} + \theta DD_{it} \times Digi_{it} + \delta X_{it} + \gamma \sum_{j=1}^{N} W_{ij}DD_{it}$$

$$+ \vartheta \sum_{j=1}^{N} W_{ij}DD_{it} \times Digi_{it} + \lambda \sum_{j=1}^{N} W_{ij}X_{it} + \mu_i + \varphi_t + \varepsilon_{it} \quad (8-3)$$

$$DFSI_{it} = \alpha + \tau DFSI_{it-1} + \rho \sum_{j=1}^{N} W_{ij}DFSI_{it} + \upsilon \sum_{j=1}^{N} W_{ij}DFSI_{it-1} + \beta DD_{it} + \theta DD_{it}$$

$$\times Digi_{it} + \delta X_{it} + \gamma \sum_{j=1}^{N} W_{ij}DD_{it} + \vartheta \sum_{j=1}^{N} W_{ij}DD_{it} \times Digi_{it}$$

$$+ \lambda \sum_{j=1}^{N} W_{ij}X_{it} + \mu_i + \varphi_t + \varepsilon_{it} \quad (8-4)$$

其中，θ 和 ϑ 分别为表征时间滞后效应和时空双重滞后效应的弹性系数，是我们重点关注的系数。除交互项外，其他控制变量选取仍旧与第6章空间杜宾模型即式（6-23）和式（6-24）保持一致。

表8-2列出了三种不同空间矩阵下，具有时间和空间双重固定效应的静态和动态空间杜宾模型的估计结果。结果显示，三种空间矩阵下交互项 $dd \times digi$ 的系数在5%的水平上显著为负，交互项的空间滞后项 $dd \times digi$ 的系数在5%的水平上显著为负。说明数字金融确实能够对地方政府债务风险与系统性金融风险之间的关系起到显著的负向调节作用，数字金融的发展不仅能够降低本区域地方政府债务对系统性金融风险的正向冲击，而且具有空间外溢效应，对地理位置邻近或经济发展水平相近的地区同样具有正外部性，能够缓解周边地区的金融风险。假说11得到了验证。

表8-2　　空间杜宾模型回归结果：考虑数字金融的调节作用

变量	邻接矩阵		地理距离矩阵		经济距离矩阵	
	静态 SDM	动态 SDM	静态 SDM	动态 SDM	静态 SDM	动态 SDM
dd	-0.0041** (0.0019)	-0.0033*** (0.0023)	-0.0045** (0.0020)	-0.0035*** (0.0023)	-0.0036* (0.0019)	-0.0004*** (0.0023)
$dd \times digi$	-0.0001** (0.0008)	-0.0004** (0.0012)	-0.0007** (0.0009)	-0.0003** (0.0011)	-0.0004** (0.0008)	-0.0001** (0.0012)

变量	邻接矩阵		地理距离矩阵		经济距离矩阵	
	静态 SDM	动态 SDM	静态 SDM	动态 SDM	静态 SDM	动态 SDM
digi	− 0. 2031 *** （0. 0573）	− 0. 0349 （0. 0916）	− 0. 0155 （0. 0899）	− 0. 2341 *** （0. 0698）	− 0. 0256 ** （0. 1155）	− 0. 0218 ** （0. 1133）
W × dd	− 0. 0152 *** （0. 0042）	− 0. 0124 ** （0. 0051）	− 0. 0169 ** （0. 0080）	− 0. 0140 * （0. 0084）	− 0. 0133 *** （0. 0047）	− 0. 0070 ** （0. 0053）
W × dd × digi	− 0. 0004 ** （0. 0015）	− 0. 0002 ** （0. 0021）	− 0. 0015 ** （0. 0027）	− 0. 0032 ** （0. 0034）	− 0. 0003 ** （0. 0018）	− 0. 0012 ** （0. 0024）
W × digi	− 0. 0936 *** （0. 0929） （0. 1413）	− 0. 0972 （0. 1476） （0. 1599）	− 0. 0945 （0. 1448） （0. 1438）	− 0. 1609 ** （0. 0747） （0. 1546）	− 0. 1572 （0. 1235） （0. 1387）	− 0. 2507 ** （0. 1220） （0. 1636）
L. Wdfsi		0. 1064 * （0. 0781）		0. 1796 * （0. 0969）		0. 1597 ** （0. 0720）
控制变量	YES	YES	YES	YES	YES	YES
年份固定	YES	YES	YES	YES	YES	YES
地区固定	YES	YES	YES	YES	YES	YES
Spatial rho	0. 0276 ** （0. 0885）	0. 5802 *** （0. 0551）	0. 0978 ** （0. 1508）	0. 6335 *** （0. 0674）	0. 0495 ** （0. 0929）	0. 6379 *** （0. 0556）
sigma2_e	0. 0010 *** （0. 0001）	0. 0014 *** （0. 0001）	0. 0011 *** （0. 0001）	0. 0013 *** （0. 0001）	0. 0010 *** （0. 0001）	0. 0014 *** （0. 0001）
N	270	240	270	240	270	240
R²	0. 1449	0. 137	0. 2425	0. 2020	0. 2423	0. 3084

注：***、** 和 * 分别表示在 1%、5% 和 10% 水平上显著，括号内数值为标准误。

可见，数字金融对系统性金融风险具有调节效应，数字金融水平的提高有助于缓解地方政府债务对系统性金融风险的不利影响，为降低地方政府债务风险、防范系统性金融风险提供了新的视角。

8.3　基于政策因素的分析

政策因素是从宏观层面影响地方政府债务发展的重要力量。地方政府债务违约风险除了会受到宏观经济变量变动的影响外，相关政策的变动也会产生重要的影响。如 2008 年受美国金融危机的影响，中央政府出台"4万亿"救市计划，在推动经济发展的同时，带来了地方政府债务的飞速增长，但一定程度上也导致了债务违约风险和系统性金融风险的逐步累积。此后政府为了防止系统性金融风险爆发制定了一系列的宏观政策，尤其2015 年新预算法的推出是一个重要的转折。政策因素往往从宏观层面影响地方政府债务的发展，并且在防范系统性金融风险方面发挥着重要作用。那么，宏观政策的实施是否有效缓解了地方政府债务风险，对系统性金融风险是否起到了抑制作用？本章将从政策视角，引入 2015 年 1 月新预算法以及"43 号文"的实施作为准自然实验，采用双重差分法，进一步考察相关政策的实施，对地方政府债务风险和系统性金融风险带来的影响。

8.3.1 政策实施的背景

受 2008 年金融危机的影响，中央政府出台"4 万亿"救市计划，地方政府通过融资平台等多方筹集资金，推动了经济发展，进而也带来了地方融资平台的飞速增长。但在这一过程中，缺乏相应的举债规范，管理制度不健全，使得地方政府及地方融资平台的违约风险也逐步累积。针对这一现象，2014 年 10 月财政部 43 号文和 2015 年 1 月实施的新预算法，对地方政府举债行为进行了规范，地方债务增长的机制随之开始发生变化。

1. 新预算法关于地方债的规定

2014 年 8 月审核通过并于 2015 年 1 月 1 日实施的新预算法赋予地方政府适度的举债权，但同时对举债主体、用途、规模、方式和风险控制五个方面做出了限定，其中，举债主体限定为经国务院批准的省级政府；举债用途限于公益性资本支出，不得用于经常性支出；举债规模限于国务院下达的限额，并列入省本级预算；举债方式限制为发行地方政府债券，不得采取其他方式；强调风险控制，建立风险预警机制和责任追究制度。

2.《国务院关于加强地方政府性债务管理的意见》对地方债的规定

2014 年 10 月，国务院正式对外公布《国务院关于加强地方政府性债务管理的意见》（以下简称"43 号文"），对地方政府债务管理做出明确规定。首先，剥离融资平台公司政府融资职能，政府债务只能通过政府举借，不得通过企事业单位等举借。没有收益的公益性事业发展确需政府举借一般债务的，由地方政府发行一般债券融资，主要以一般公共预算收入偿还。有一定收益的公益性事业发展确需政府举借专项债务的，由地方政府通过发行专项债券融资，以对应的政府性基金或专项收入偿还。

对于地方政府现阶段的债务存量，以 2013 年政府性债务审计结果为基础，对地方政府性债务存量进行甄别。对地方政府及其部门举借的债务，相应纳入一般债务和专项债务。对企事业单位举借的债务，凡属于政府应当偿还的债务，相应纳入一般债务和专项债务。地方政府将甄别后的政府存量债务逐级汇总上报国务院批准后，分类纳入预算管理。

可见，对于新预算法以及 43 号文实施后发行的地方政府债务，由于其纳入地方政府预算，且存在严格的风险监督管理制度，因此，将会大大降低地方政府债务的违约风险。而对于在新预算法以及 43 号文实施之前发行的债券，风险情况则会发生分化。对于经过甄别后，纳入地方政府预算的债务，相当于得到政府明确的偿还承诺，其违约风险将会降低，而对于未被纳入地方政府预算的债务，由于失去地方政府信用背书，一旦出现资金紧张等情况，融资平台的违约风险会大大加剧。因此，新预算法及 43 号文的实施，对地方融资平台债务违约风险的影响存在一定的不确定性。

8.3.2 政策实施的效果——基于双重差分法（DID）

为防范和化解日益严重的政府债务风险，2015 年新预算法及国务院 43 号文的制定实施，成为地方政府融资行为变化的重要分水岭。为了考察政策实施的影响和效果，本书将该政策的推出作为准自然实验，运用省级面板数据，采用双重差分法，进一步检验政策的推出是否能缓解政府债务风险对系统性金融风险产生的不利影响。

借鉴李建军和韩珣（2019）、钱海章等（2020）的做法，将政策提出的时间 2015 年视为具有外生性，由于东部、中部、西部三大区域存在异质性，对宏观政策的吸收强度会存在显著差异，从而可以构建实验组和控制组。仍然在第 6 章的空间杜宾模型基础上，以 *post* 为时间虚拟变量，如果年份在 2015 年以后，则赋值为 1；如果年份在 2015 年之前，则赋值为

0；以 *treat* 为地区虚拟变量，将西部地区作为处理组，*treat* 赋值为 1，中部、东部地区作为对照组，*treat* 赋值为 0，分别构建静态空间杜宾模型（8-5）和动态空间杜宾模型（8-6）。

具体模型构建如下：

$$DFSI_{it} = \alpha + \rho \sum_{j=1}^{N} W_{ij}DFSI_{it} + \beta DD_{it} + \theta post \times Treat_{it} + \delta X_{it} + \gamma \sum_{j=1}^{N} W_{ij}DD_{it}$$
$$+ \vartheta \sum_{j=1}^{N} W_{ij}post \times Treat_{it} + \lambda \sum_{j=1}^{N} W_{ij}X_{it} + \mu_i + \varphi_t + \varepsilon_{it} \qquad (8-5)$$

$$DFSI_{it} = \alpha + \tau DFSI_{it-1} + \rho \sum_{j=1}^{N} W_{ij}DFSI_{it} + \upsilon \sum_{j=1}^{N} W_{ij}DFSI_{it-1} + \beta DD_{it} + \theta post$$
$$\times Treat_{it} + \delta X_{it} + \gamma \sum_{j=1}^{N} W_{ij}DD_{it} + \vartheta \sum_{j=1}^{N} W_{ij}post \times Treat_{it}$$
$$+ \lambda \sum_{j=1}^{N} W_{ij}X_{it} + \mu_i + \varphi_t + \varepsilon_{it} \qquad (8-6)$$

模型的关键系数是 θ 和 ϑ，如果 θ、ϑ 显著为负，说明政策确实缓解了地方政府债务风险对系统性金融风险的不利影响。

表 8-3 列出了三种不同空间矩阵下，具有时间和空间双重固定效应的静态和动态空间杜宾模型 DID 检验的估计结果。结果显示，*post × treat* 的估计系数都在 5% 水平上显著为负，说明估计结果是稳健的，2015 年政策的实施确实有效缓解了地方政府债务风险对系统性金融风险的冲击。此外，*post × treat* 的空间滞后项的参数估计也在 10% 水平上显著为负，表明在考虑空间影响的情况下，政策实施的效果在空间上也具有显著的扩散效应，对周边地区的系统性金融风险的抑制产生了显著的有利影响。说明该政策达到了抑制风险的目标，属于有效的政策。

表 8-3　　　　　　　　　　政策影响的 DID 检验

变量	邻接矩阵		地理距离矩阵		经济距离矩阵	
	静态 SDM	动态 SDM	静态 SDM	动态 SDM	静态 SDM	动态 SDM
dd	-0.0112*** (0.0030)	-0.0094** (0.0038)	-0.0114*** (0.0030)	-0.0091** (0.0036)	-0.0131*** (0.0029)	-0.0088** (0.0037)
post × treat	-0.0514** (0.0214)	-0.0623** (0.0251)	-0.0477** (0.0201)	-0.0542** (0.0231)	-0.0017** (0.0298)	-0.0042** (0.0360)

续表

变量	邻接矩阵		地理距离矩阵		经济距离矩阵	
	静态 SDM	动态 SDM	静态 SDM	动态 SDM	静态 SDM	动态 SDM
$W \times dd$	− 0. 0181 ***	− 0. 0069 ***	− 0. 0078 ***	− 0. 0073 ***	− 0. 0077 ***	0. 0091 ***
	(0. 0066)	(0. 0081)	(0. 0123)	(0. 0131)	(0. 0072)	(0. 0083)
$W \times post \times treat$	− 0. 0154 ***	− 0. 0013 **	− 0. 0130 **	− 0. 0272 **	− 0. 1209 ***	− 0. 0786 *
	(0. 0372)	(0. 0336)	(0. 0688)	(0. 0446)	(0. 0543)	(0. 0450)
$L. Wdfsi$		0. 1865 **		0. 3177 ***		0. 0122 ***
		(0. 0933)		(0. 1191)		(0. 0922)
控制变量	YES	YES	YES	YES	YES	YES
年份固定	YES	YES	YES	YES	YES	YES
地区固定	YES	YES	YES	YES	YES	YES
$Spatial\ rho$	0. 0542 ***	0. 4154 ***	0. 0769 **	0. 4937 ***	0. 0618 ***	0. 4561 ***
	(0. 0876)	(0. 0665)	(0. 1500)	(0. 0806)	(0. 0950)	(0. 0701)
$sigma2\_e$	0. 0024 ***	0. 0036 ***	0. 0025 ***	0. 0033 ***	0. 0025 ***	0. 0036 ***
	(0. 0002)	(0. 0003)	(0. 0002)	(0. 0003)	(0. 0002)	(0. 0003)
N	270	240	270	240	270	240
R^2	0. 2791	0. 2639	0. 2269	0. 2648	0. 2879	0. 2954

注:***、**和*分别表示在1%、5%和10%水平下显著,括号内数值为标准误。

表8-4进一步报告了各空间权重矩阵下,静态和动态空间杜宾模型估计的短期和长期直接效应、间接效应估计结果。从表中可见,政策效应系数的符号与回归系数的符号一致,说明回归结果具有稳健性。从效应系数的绝对值大小看,短期效应大于长期效应,说明政策在短期内对系统性金融风险产生的抑制效果更明显。此外,政策的总效应大于直接效应,直接效应大于间接效应,表明政策不仅在时间上存在明显的惯性效应,而且在空间上也具有一定的扩散效应,从而能进一步扩大政策的积极效果。

可见,从国家宏观层面实施的地方政府债务管理政策,确实对抑制系统性金融风险有着积极作用。

表 8 - 4   政策影响的效应估计

变量	邻接矩阵		地理距离矩阵		经济距离矩阵	
	静态 SDM	动态 SDM	静态 SDM	动态 SDM	静态 SDM	动态 SDM
LR_Direct post × treat	− 0. 0523 ** (0. 0212)	− 0. 0604 *** (0. 0232)	− 0. 0485 ** (0. 0198)	− 0. 0525 ** (0. 0217)	− 0. 0022 (0. 0297)	− 0. 0016 (0. 0319)
LR_Indirect post × treat	− 0. 0142 (0. 0343)	− 0. 0172 (0. 0389)	− 0. 0123 (0. 0630)	− 0. 0445 (0. 0520)	− 0. 1170 ** (0. 0519)	− 0. 1328 ** (0. 0582)
LR_Total post × treat	− 0. 0665 ** (0. 0335)	− 0. 0776 ** (0. 0353)	− 0. 0608 (0. 0624)	− 0. 0969 ** (0. 0477)	− 0. 1192 *** (0. 0397)	− 0. 1343 *** (0. 0490)
SR_Direct post × treat	—	− 0. 0626 *** (0. 0229)	—	− 0. 0560 *** (0. 0214)	—	− 0. 0019 (0. 0318)
SR_Indirect post × treat	—	− 0. 0401 (0. 0470)	—	− 0. 1032 (0. 0792)	—	− 0. 1355 ** (0. 0591)
SR_Total post × treat	—	− 0. 1027 ** (0. 0467)	—	− 0. 1593 ** (0. 0788)	—	− 0. 1374 *** (0. 0502)

注： *** 、 ** 分别表示在1% 、5% 水平下显著，括号内数值为标准误。LR_Direct、LR_Indirect、LR_Total 分别代表长期直接、长期间接和长期总效应；SR_Direct、SR_Indirect、SR_Total 分别代表短期直接、短期间接和短期总效应。

第9章 基于 REITs 的债务风险缓释方案设计

9.1 目前地方政府债务风险化解的方法及存在的问题

9.1.1 化解的主要方法

根据不同的化解角度，可将我国地方债务风险现有的化解方法分成三种。第一，在控制增量债务风险方面，通过加强对地方政府举债方式的规范和监管来减少地方政府债务的产生，从而防范地方政府债务风险的产生。第二，在管理存量债务风险方面，通过地方政府债务置换的方式，将已经到期或快要到期的债务进行置换，减少政府的短期偿债压力。第三，在风险分散方面，通过 PPP 等方式，引入社会资本参与地方政府基础设施建设，实现风险共担、利益共享。

（1）控制地方政府举债的方式。2015 年新预算法规定："经国务院批准的省、自治区、直辖市的预算中必需的建设投资的部分资金，可以在国务院确定的限额内，通过发行地方政府债券举借债务的方式筹措"。并规定，地方政府债券是地方政府举债的唯一合法手段。

（2）地方债置换的方式。为了处理到期债务的问题，我国采取了地方债置换的方式。希望通过对到期和即将到期的债务的置换，推迟债务偿还的日期，避免债务到期不能偿还而产生的债务风险。2015 年 3 月首次提出地方政府债务置换的计划，以长期、低息的地方政府债券置换 2014 年年底确认的短期、高息的地方政府债券和一些非债券形式的债务。2015～2017 年，地方政府置换债的金额分别为 3.2 万亿元、4.9 万亿元和 2.8 万亿元。

（3）PPP 方式。政府希望通过 PPP 的方式引入社会投资者，帮助地方政府减轻债务负担。它的基本特征是：政府与社会资本参与方利益共享，风险共担。主要投资领域是交通运输、市政工程和片区开发。主要的运营机制采用的是建设－经营－转让（build－operate－transfer，BOT），占比约 76.1%。项目期限大多在 10～30 年。

9.1.2 存在的主要问题及原因分析

为了控制地方政府债务风险，我国在举债、用债和还债等方面上做出了努力，但地方政府债务风险并未得到很好的控制。

1. 存在的主要问题

（1）长期可行性差。对于地方政府债务风险化解的长期可行性差的问题，可以从三个方面来看。第一，是现有化解方式的效果呈现的不可持续特征；第二，是现有化解方法的治标不治本的特征。第三，是现有化解方式期限设置不合理，可能导致长期债务积压。

首先，在地方政府债务风险的化解效果方面。根据地方政府债务规模的增长率和债务率的增长率以及债务负担率的增长率，对我国地方政府债务风险化解的效果进行分析。由图 9－1 可以看出，我国地方政府债务风险化解在 2011～2012 年、2014～2016 年具有明显的效果，但是 2012～2014 年、2016～2017 年化解效果不佳，地方政府债务风险有抬头的趋势。这说明我国的地方政府债务风险化解虽然在一段时间能够让地方政府债务风险得到抑制，但其效果具有不可持续性。

其次，现有化解方法存在治标不治本的特征。在化解方式中，债务置换相比其他的化解方式化解速度更加快，但化解时效也更短。地方政府债券的发行的债券中，大部分是通过债务置换产生的。债务置换虽然能将债务的偿还期限推迟，但其本身是一种治标不治本的措施。不可否认，债务置换短期内有利于缓解地方政府的偿债压力，其形式却依然是借新还旧，将债务的偿还压力延后，并不能真正解决问题。其实质就是国家对地方政

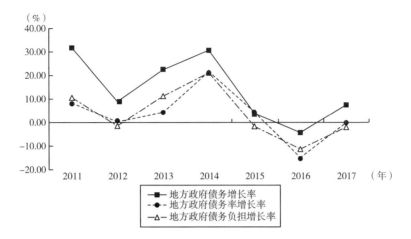

图 9 - 1　我国地方政府债务风险化解的效果

资料来源：Wind 数据库、财政部网站 http：//www. mof. gov. cn/mofhome/yusuansi/zhuantilan-mu/dfzgl/。

府的一种软预算约束行为。通过将债务的压力转移到金融机构或其他地区，暂缓债务风险在某个地区爆发的可能性，这种方法是不具备长期可行性的。

最后，在地方政府债券的期限设置与政府项目建设的期限匹配上，根据对 Wind 数据库上地方政府债券的期限进行统计（见图 9 - 2），大多地

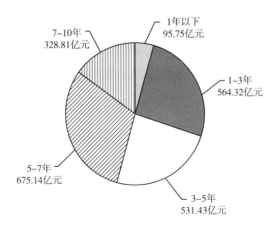

图 9 - 2　2018 年 3 月我国地方政府债券发行期限的分布

资料来源：Wind 数据库。

方债的期限为 3 年、5 年和 7 年。这与地方政府项目建设期限以 10 ~ 30 年为主（见图 9 - 3）的现状相矛盾，存在期限上的不匹配，可能导致债务的积压和再融资风险，不具备长期的可行性。

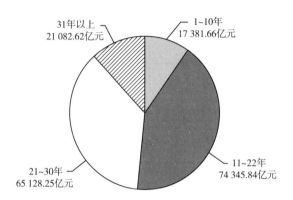

图 9 - 3   2018 年 3 月我国 PPP 项目投资年限分布

资料来源：Wind 数据库。

（2）经济发展与风险化解失衡。我国对地方政府债券实行限额管理和预算管理制度，通过限定地方政府债券的发行规模、举债程序和用途，来防止地方政府债务风险的产生。通过置换和新发行的债券获得的资金，一般不能用于经济建设，而只能用于偿还债务本金。这虽然能对我国地方政府债务的规模风险和结构风险产生一定的抑制作用，但也抑制了地方政府经济的增长。

2017 年 1 ~ 12 月，我国地方政府债券的累计发行额达到 4.3 万亿元，其中一般债券 2.4 万亿元，专项债券 1.9 万亿元。[①] 而根据刘尚希等人（2012）的预测，早在 2015 年，我国地方政府公共投资规模保守估计就在 6.13 万亿元。[②] 这一投资规模是逐年递增的，到未来可能更高。根据 2013 年 6 月的地方政府债务投向的数据，仅市政建设一项就达到约 3.8 万亿元。这使得发行地方政府债券显得力不从心，无法满足地方经济发展的资金需求。

----

① 资料来源：财政部地方政府债券信息公开平台。

② 刘尚希，赵全厚，孟艳，封北麟，李成威，张立承．"十二五"时期我国地方政府性债务压力测试研究［J］．经济研究参考，2012（8）：3 - 58.

从图 9－4 可以看出，地方政府的综合财政收入和 GDP 增长速度，在整体上是处于下降趋势的。债务风险化解效果与经济增长是呈负相关关系的，风险化解效果变好时，经济增速下降。风险化解效果变差时，经济增速上升。这也说明了经济增长与债务风险化解之间是失衡的。债务风险得到控制的原因不是因为经济的增长，不是因为政府对其承载能力上升了，而是债务规模得到了控制。而这种控制极有可能是受政府的政策的影响，所以我国的地方政府债务承载能力还是较差的。这也说明了地方经济的发展在很大程度上依赖举借债务，缺乏内生动力。

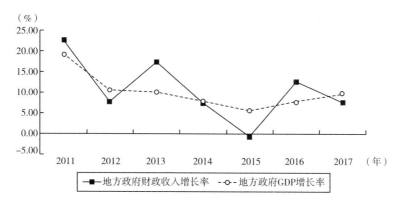

图 9－4　我国地方政府经济发展情况

资料来源：Wind 数据库。

（3）化解成本过高。化解地方政府债务风险的成本是不可忽视的问题。通过对发行地方政府债券和运用 PPP 等方法化解地方政府债务风险的成本分析，发现现有化解方法中可能存在成本过高的问题。

在地方政府债券方面，可能存在发行成本过高的问题。通过对新预算法正式实施以来的地方政府债券到期收益率和国债收益率的平均值进行比较（见表 9－1），发现我国地方政府债券的到期收益率的平均值均高于国债收益率，且二者的差额呈不断加大趋势。按照风险和收益呈正向关系的原理，信用更高的国债收益率小于信用相对较低的地方政府债券的收益率是不违背常理的，而且是我国地方政府债券发行逐渐市场化的表现。但考虑到我国地方政府债务的负担较重，这种发行成本逐渐上升的趋势可能不利于我国地方政府债务风险的化解。

表 9 – 1	地方政府债券到期收益率与国债到期收益率差额			单位：%	
年度	1 年期	3 年期	5 年期	7 年期	10 年期
2015	0.31	0.32	0.33	0.33	0.35
2016	0.22	0.23	0.26	0.26	0.28
2017	0.43	0.42	0.44	0.45	0.50
2018	0.50	0.50	0.51	0.49	0.50

资料来源：Wind 数据库。

2018 年 4 月 19 日，我国地方政府债券 AAA 级 1 年期、5 年期和 10 年期的到期收益率分别为 3.4911%、3.8698% 和 4.0243%。相同期限的国债的到期收益率分别为 2.9611%、3.3298%、3.5064%。地方政府债券的发行成本与国债的发行成本相比要高许多。如果加上对地方政府债券利息收入的免税政策，发行地方政府债券的化解方式成本更高。

在 PPP 方面，可能存在政府在整个项目中成本投入过多的问题。按照回报机制，PPP 可分为可行性缺口补助、使用者付费和政府付费三种。2018 年 3 月，可行性缺口补助的占比达 36.6%，政府付费的项目占比达 37.6%，如图 9 – 5 所示。可见大多数 PPP 项目还是需要政府付费的，这意味着项目建成后政府需要投入更大的资金。而且基础设施建成后可能还需要对其进行维护和管理，这可能造成后期政府的债务负担过重，进一步激化债务风险。

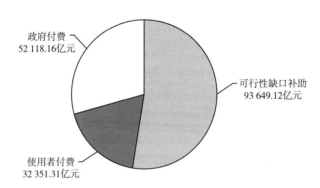

图 9 – 5 2018 年 3 月我国 PPP 项目回报机制

资料来源：Wind 数据库。

（4）社会资本参与度低。地方政府债务风险不是某个人或某个企业的风险，它关乎整个地区，甚至整个国家。所以化解地方政府债务风险的责任，应该分摊到每个个体和集体。现有的化解方式虽然具有引入社会资本参与的计划，但是其落实效果不佳。

在地方政府债券方面。各地方政府的债券大多在银行间债券市场、上海和深圳交易市场进行交易，由银行和证券公司采取余额包销①的方式承销。对于投资者资格，地方政府债券并没有限制。关于地方政府债券的投资者构成，尚未有公开的数据。根据 Wind 数据库里中债估值公司对我国的债券托管量的统计（见图 9 - 6），2018 年 4 月我国债券托管量（本币债）为 518 228.42 亿元，但是根据其统计的主要券种投资者结构显示的数据，总的托管量（去除非法人产品）为 329 927.83 亿元，其中有 188 300.59 亿元的缺口。这 188 300.59 亿元中可能包括包含地方政府债券、中央票据、政府支持机构债券等券种。其中，2018 年地方政府债券的托管量为 152 631.55 亿元，占缺口的 81.06%。

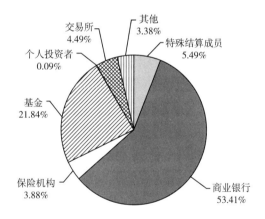

图 9 - 6　2018 年 4 月债券托管量投资者结构

资料来源：Wind 数据库。

Wind 数据库中债券托管量的主要券种的投资者结构情况显示，我国

---

① 余额包销是一种股票、债券等证券产品的销售方式。指承销商与发行人签订协议，在约定的期限内发行证券，并收取佣金，到约定的销售期满后，售后剩余的证券由承销商按协议价格全部认购。

各类债券的其主要投资者是商业银行，个人投资者占比很少。如果按照这种结构估计地方政府债券的投资者结构，地方政府债务的主要债权人依然是银行，社会资本参与度不够。

在 PPP 方面。截至 2018 年 2 月末，PPP 项目总入库数 13 970 个，投资额 18.45 万亿元，落地率① 38.07%。根据财政部统计，截至 2017 年 9 月（见图 9－7），财政部 PPP 示范项目中涉及签约社会资本数只有 944 个。其中国有独资和控股企业就有 549 个，民营企业只有 328 个。可见民营企业的参与度不够高，民营资本的投资积极性不高。

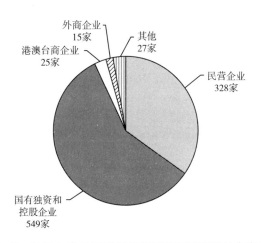

图 9－7　2017 年 9 月 PPP 财政部示范项目涉及社会资本数

资料来源：Wind 数据库。

2. 原因分析

针对化解中存在问题的原因，可以从四个方面进行分析：化解中存在的预算软约束行为、我国的财政体制方面、债务的透明度方面和政府在风险化解的角色处理方面。

（1）上级对下级的预算软约束。根据匈牙利的经济学家亚诺什·科尔内（1980）在其著作《短缺经济学》中提出的预算软约束理论，当企业满足以下五个条件的任意一个时，就足以使约束软化：一是产品由企业来定价；二是企业能够得到税收优惠或减免；三是国家会对亏损企业进行扶

---

① 计算公式：执行阶段数/（准备阶段数 + 采购阶段数 + 执行阶段数）。

持；四是企业贷款的受限小；五是企业能够借新还旧。[①]

　　而我国地方政府的情况与上述条件基本吻合。根据上文对我国地方政府债务置换和发行地方政府债券的问题进行的分析，这种置换的实质就是一种预算软约束。由于有中央对地方政府的预算软约束，在债务化解中借新还旧，不注重化解效果的可持续性，最终可能导致债务的过度积压，爆发债务风险。

　　在 PPP 的项目建设中，即使有些主体不具备充足的资本金和偿债能力，而有些下属部门和公司由于有政府兜底，在项目前期盲目扩张，对项目的筛选不够严格。后期出现项目失败，所投资金无法收回。对于无法偿还所欠的债务，只能将其偿还负担累加在地方政府账上。

　　（2）中央与地方之间财权与事权的不对等。我国自 1994 年分税制的改革后，中央将本属于地方的财权上收，而将大量的基础建设压力下放。导致地方政府自身的财力不能支持地方政府的经济发展建设需要。而现有的举债方式有限，合法的举债方式不能满足经济的发展需求。在经济建设压力过大的驱使下，不少地方政府通过违规举债的方式来支持地方政府的经济建设，这极大地加重了地方政府债务的负担。

　　上文对我国地方政府债务的规模风险进行分析表明，从总体上看我国的债务风险处于可控状态，但从部分上看，个别省市地区的债务风险极高，其中以西南部地区和东北地区尤为明显，这两个地区正是我国经济发展比较落后但又急需基础设施建设的地区。由于当地的财政能力较弱，只能通过地方政府举债的方式进行融资来支持地区经济的建设。这样在地方政府债务的风险的规模、类别和区位上都增加了化解的难度。

　　所以，在中央将事权下放，财权上收的财政制度背景下。相关部门对地方政府举债方式、规模和投向进行限制，可能导致地方经济发展放缓。

　　（3）委托代理中信息的不透明和利益博弈。根据罗斯（Ross）1973年提出的委托代理理论，委托人通过契约授权代理人行使决策权，以实现委托人的利益。[②] 我国地方政府作为人民的代理人，代表我国人民进行地方经济建设和相关事宜。

---

① 科尔内 J. 短缺经济学·下卷［M］. 张晓光，译. 北京：经济科学出版社，1986：9 – 11.

② ROSS S A. The Economic Theory of Agency：The Principal's Problem［J］. American Economic Review，1973，63（2）：134 – 139.

由于代理人和委托人信息的不对称以及目标、利益的不一致。地方政府作为"经济人"会为了完成上级的任务和增加政绩的目的，不顾地方经济的承受能力和实际需要。为了吸引投资者，忽视债券发行的成本，以高成本的利率发行债券。利用人民对地方监管不便、信息不透明，不考虑未来的偿还能力，违规举债。

除了地方政府和人民之间的信息不透明和利益博弈，在 PPP 化解方式中，还存在地方政府和项目资金投资方的信息不透明和利益博弈。由于有地方政府的信用做担保，银行等金融机构在为 PPP 项目注入资金时往往忽视对项目可行性的调查，而地方政府则利用这种信息不透明，不顾项目的质量，只注重项目的数量，从而间接地增加了风险的化解成本。

（4）政府与市场边界建设不完善。在当前经济转轨时期，我国政府与市场边界的建设存在的主要问题，是公共产品与私人产品的界定问题、供应问题，政府和市场在经济建设中所处的角色问题。[①] 在地方政府债务风险现有的化解方法中，政府不能有效地引入社会资本，共同化解风险问题，其原因是政府在化解中角色处理不当。

在 PPP 项目中，政府的角色应该是为社会资本进入和退出提供合理的通道，而不是管进不管出、设置高门槛。针对 PPP 方法民营资本参与度低的问题，其浅层次的原因是 PPP 的进入和退出机制存在一定的问题。针对社会资本进入项目方面，项目工期长、所需资金庞大是阻挡社会资金进入的重要原因。PPP 项目的期限一般在 10 年以上，而民营资本本来就是资金配置市场上的弱者，根本不可能存在如此庞大的资金能够供其投入资金回收慢的项目。在社会资本退出方面，现在大部分的项目采取 BOT 方式，其退出方式大多是建设方经营一段期限后向政府转让。这种方式大多期限长、不确定性大、风险高。综合这两个因素，PPP 项目的社会投资者参与积极性不高。

9.1.3　国外类似问题的解决办法

通过对上文问题产生的原因进行分析，本书发现，要解决地方政府债

---

① 李振英. 论政府与市场的合理边界 [J]. 大东方，2017（5）：174.

务风险化解中存在的问题可以从减少地方政府的事权或者增加地方政府的财权、硬化预算约束、促进债务信息透明化和摆正政府在公共产品供给中角色等角度出发探索问题的解决方法。下面通过对国外类似问题的解决方案进行分析,以期为我国地方政府债务风险化解问题提供思路。

1. 减轻地方政府事权的压力

处理政府的事权被过多下放的问题,有利于减轻地方政府债务风险化解中的负担。针对这个问题,通过对美国 2016 年州和地方政府的财政支出情况进行分析(见图 9 - 8),发现美国州和地方政府在经济事务①方面的支出比例占比很小,占其总财政支出比例的 7.23%。而通过美国公共产品供给模式的相关文献进行分析,发现其公共产品的供给主体呈现多元化的状态。由于美国的市场经济发展比较成熟,公共产品的供给主体不仅包括州和地方政府,还包括一些社会组织、公民个体和社区等。② 通过将地方政府的事权市场化,不仅可以解决地方公共产品的供给问题,最重要的是可以节约地方政府的财政收入,减少地方政府在经济方面的建设成本。

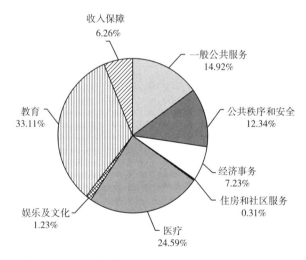

图 9 - 8　2016 年美国州和地方政府经常性支出结构

资料来源:Wind 数据库。

---

① 经济事务包括运输、航天航空、其他经济事务。
② 戴昌桥. 中美地方公共产品供给模式比较研究 [J]. 中南财经政法大学学报,2013 (3):30 - 35.

2. 扩宽地方政府偿债资金的来源

通过多样化的融资方式，缓解地方政府的财政压力，平衡地方政府的经济建设和债务化解。在地方政府的融资方面，美国凭借其高度发达的资本市场，在金融领域，运用资产证券化、REITs 和业主有限合伙资金等融资方式为地方政府提供多样化的融资渠道，为地方政府的基础设施提供资金，也为地方政府提供了偿债资金。① 其中，REITs 等资产证券化的方式具有融资期限长、融资成本低等特点。

根据全美不动产投资基金协会（National Association of Real Estate Investment Trusts，NAREIT）的统计，美国 REITs 市场中的基础设施 REITs 逐渐增多，以 REITs 作为融资方式的监狱、学校和无线电通信基建等基础设施正成为一种趋势。通过 REITs 等资产证券化的方式，利用基础设施的未来的现金流进行融资，解决其期限不匹配导致的债务堆积的问题，在经济增长的同时又防范了债务风险的产生。除此之外，其低成本也是该融资方法的优势。通过资产证券化的信用增级之后，这种金融产品对投资者来说风险就相应地降低，投资者要求的风险补偿就会减少。同时，通过基础资产的多样化和规模化，风险可以得到进一步分散，风险成本将进一步降低。

3. 风险预防和转移

由于风险本身的不确定性，要想很好地化解风险，难度较大，所以国际上出现了很多预防和转移风险的方法。例如，美国为了预防和转移市政债的风险，运用了市场化的方法，通过设立偿债基金和偿债准备金的方式预防风险，并通过债券保险额度的方式转移风险。通过事前的预防和事后的转移，将风险的发生的可能性降到最低。

除了市场化的风险预防方式，大多数国家采取行政化的方式。例如，日本的中央政府能够控制地方政府债务的发行的全过程，但这也形成了一种中央政府会为地方政府兜底的隐性担保。德国则直接将对债务的限额要求列入其宪法中，并对地方政府举债设置上限。但由于德国的州政府有义务帮助区政府弥补债务缺口，导致德国债务呈现越是上级政府负债率越高

---

① 王虎，王莎. 奥巴马政府促进基础设施投资政策措施简析［J］. 中国财政，2016（23）：60 - 62.

的特点。①

4. 国外解决办法给我国的启示

根据我国新预算法的规定，地方政府的举债方式只能是发行地方政府债券，而且只有省级政府有这个职能，市县级政府依然没有发债权。自2014 年 10 月 2 日，国务院公布《国务院关于加强地方政府性债务管理的意见》后，原有的融资平台公司不能再为地方政府建设融资。故综合我国现有的情况，通过发行债券和税收途径增加地方政府的偿债能力在短期内可能性比较小，通过融资平台融资的途径被切断。寻求一种新的融资方式来解决地方政府债务风险化解中存在的问题就具有必要性了。

通过对国外解决办法的分析，发现以市场化的方式来化解地方政府债务风险化解中存在的问题具有一定的可能性。例如，对于地方政府债务的存量债务可以通过市场化的方式处理，对公共产品的供应可以考虑引入市场化的供应主体，但应基于我国国情，不能照搬。对于公共产品的供应，由于我国还处于社会主义市场经济的初级阶段，完全由市场供应公共产品的可能性比较小，相关法律也不允许。可以考虑政府通过市场化的渠道融资，然后供应公共产品。这样一方面可以解决公共产品的供应问题，另一方面又不会积累过多的政府债务。而对于我国地方政府通过举债积累的大量公共产品，如交通运输、市政建设和保障性住房等具有稳定现金流资产，可以参考国外利用 REITs 盘活资产的方式。一方面化解存量债务，防范债务风险；另一方面，为地方政府提供一种融资方式，解决地方政府融资难的问题。除此之外，其风险隔离设计还可以帮助地方政府转移和分散债务风险。

综合两方面的考虑，利用 REITs 来解决风险化解中存在的问题具有一定的合理性和必要性。但由于我国国情和金融市场环境与国外的情况不同，国际上比较普遍的 REITs 模式可能不能很好地和我国的情况和需要相匹配。所以，在借鉴国外 REITs 模式的基础上，需要根据我国的情况进行修正和改进。

---

① 朱文蔚，全春霞. 地方政府债务风险监管的国际实践与中国借鉴［J］. 金融与经济，2016（10）：63－68.

9.2 基于 REITs 的解决方案设计

根据上文对地方政府债务风险化解中存在的问题以及原因进行分析。本书发现，要想解决地方政府债务风险化解中存在的主要问题，需要综合考虑风险情况、化解情况和化解存在的问题和原因。首先，不能忽视地方政府债务风险化解难度大这个事实。其次，需要对现有化解方法存在的问题进行处理。最后，需要在现有化解方法的基础上取长补短，构思新的化解方法作为现有化解方法的补充。结合对国外类似问题的解决方案和我国的具体国情，通过 REITs 这种资产证券化的方案或许可能解决上述的问题，下面通过对国外 REITs 的基本结构和我国利用 REITs 来解决地方政府债务风险化解中存在的问题需要的特定条件进行分析，整合两方面的条件和要求，为解决问题提供思路。

9.2.1 方案设计理念与思路

根据上一节对地方政府债务风险化解中存在的问题分析，新的化解方法需要体现如下的理念：具有长期可行性、平衡债务风险化解与经济建设、降低化解成本和参与主体多元化。根据这些理念，基于如下的思路进行解决方案的设计：控制债务存量和增量、增强地方实体经济建设和发展、增强债务透明度和优化参与者的进入和退出机制。

（1）控制债务存量和增量。通过对上文的化解方法的分析，论文发现在化解地方政府债务风险的过程中，化解的持续性十分重要。这里的持续性不仅体现在化解方法要可持续，而且体现在面对不断增加的债务，这种方法能够对债务的规模进行控制，将债务风险控制在适度的水平。这就要求解决方案能够消化地方政府债务的存量，同时能够控制其增量。不能只是延后债务的偿还期限，造成债务的堆积。

（2）加强地方实体经济建设和发展。经济的发展是化解地方政府债务风险的重要支撑，根据上文的分析地方政府债务风险的增加会导致经济的发展，但是根据相关学者的研究，这种反向的关系存在一个度。一旦地方政府债务风险超过了这个度，地方政府债务风险的增加对地方政府经济发展的作用会减弱。[①] 所以，无论是地方政府债务风险的增加还是降低，对地方的经济发展的影响都不是正面的。针对这种情况，增强一个地方实体经济的能力就显得十分重要。通过经济的发展增强对债务风险的承载能力，平衡债务风险化解与经济发展。

（3）增加地方政府债务的透明度。地方政府债务风险化解成本过高不仅会增加地方政府的财政负担，而且也影响地方政府化解债务风险的积极性。通过上文对化解成本高的原因分析，发现债务不透明是化解成本高的重要原因。通过增加地方政府债务的透明度，对政府的举债、用债和还债进行监督，可以增强地方政府的信用，降低其债券发行的风险溢价成本。通过增加地方政府债务的透明度，可以防止地方政府的委托代理行为，防范地方政府债务风险化解中的信息不对称风险，降低债务化解的隐性成本。

（4）优化参与者的进入和退出机制。良好的进入和退出机制是吸引各类投资者的重要前提。上文中化解方式的社会参与度低的重要原因政府不能够为投资者提供合适的进入和退出通道。基于此，地方政府需要完善现有的进入和退出机制，让更多的投资者参与到地方政府债务风险化解中来。

针对上面的理念和思路，结合国内关于地方政府债务资产证券化的观点。将地方政府公共产品通过资产证券化的方式进行盘活，引入社会资本解决地方政府债务风险化解中的主要问题。

第一，通过资产证券化特殊的风险隔离设计，将地方政府债务风险与地方政府本身隔离，并通过资产证券化产品的出售将风险分散。这样可以直接降低地方政府债务风险，而不是将其延后。第二，通过盘活原本流动性较差的资产，解决地方政府的经济建设的资金需求，平衡风险化解与经济建设。第三，通过市场化的运作方式，让整个解决方案处于投资者和政府的监督下。提高信息的透明度，减少化解的间接成本和隐性成本。第四，通过产品的真实出售，为 PPP 的社会投资者提供退出通道；通过优化后的准入和退出机制，让各类投资者能够参与其中。

---

① 刁伟涛. 债务率、偿债压力与地方债务的经济增长效应 [J]. 数量经济技术经济研究, 2017（3）：59–77.

通过对我国不动产资产证券化市场的了解，我国发现不动产资产证券化的产品主要包括商业抵押担保证券（commercial mortgage backed securities，CMBS）、商业地产抵押贷款资产票据（commercial mortgage backed notes，CMBN）和 REITs。其中 CMBS 和 CMBN 均是以不动产的收益权为抵押发行的债权类证券化产品，只负责融资而不负责资产的运营。在当下，采用前两种方式容易滋生地方政府违法违规融资举债的问题。

REITs 是一种不动产资产证券化的方式。其主要运作方式是：通过发行受益凭证的方式，募集国内外各类投资者的资金，由专业的资产和管理人或机构进行基础资产的运营和投资，并将收益中的大部分分配给投资者。[①] 按照不同的投资形式，REITs 可分为权益型、抵押型和混合型。其中权益型的 REITs 更加注重对不动产资产的管理和运营，比 CMBS 和 CMBN 更符合构建地方政府公共产品资产证券化的需求。

基于 REITs 的交易结构，本书选择基于政府作为发起人的角度，发行地方债 REITs 来对解决地方政府债务风险的问题进行尝试，主要依据如下。

第一，本方案设计的基本模式是基于 REITs 的交易结构。通过将 REITs 的基本交易结构根据需要进行改造，设立地方债 REITs。REITs 的典型的交易结构如图 9-9 所示。发起人基于筹集资金、项目运营等需求，通过将公共产品出售给 REITs 以获得 REITs 的受益凭证或现金，REITs 通过

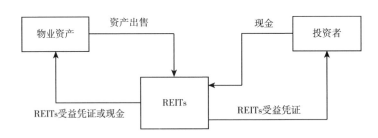

图 9-9　REITs 的典型交易结构

资料来源：［美］彼得·M. 法斯，迈克尔·E. 沙夫，唐纳德·B. 泽夫. 美国房地产投资信托指南［M］. 邢建东，陶然，译. 北京：法律出版社，2010：49.

---

① 高旭华，修逸群. REITs：颠覆传统地产的金融模式［M］. 北京：中信出版社，2016：59.

发行受益凭证，获得一定规模的投资者投资的资金，形成一定规模的信托资产用于 REITs 的运营和管理。

第二，本书选择从政府作为发起人的视角而不是从银行和其他债权人作为发起人的视角。主要基于地方债 REITs 的设计的目的，是化解地方政府债务风险化解中存在的问题。同时，能够为地方政府的建设需求提供稳定的资金支持，以此来控制地方政府债务风险的爆发。若以银行作为发起人，则需要通过银行以所筹资金向地方政府及其附属机构发放贷款的方式，支持地方的经济与建设。这种间接融资的方式可能会进一步加大地方政府的建设成本，违背了上文提到的考虑降低成本的设计理念。

9.2.2　地方债 REITs 的基本设计条件

1. 公共产品清晰的产权归属

产权归属的问题。根据 REITs 对基础资产的要求，资产需要有清晰的产权归属。这样就需要地方政府对预计作为地方债 REITs 基础资产的公共产品提供产权归属信息。对于已经完工的公共产品，如果不能提供明确的产权归属信息，相关的地方政府需要开展相关的调查工作，查漏补缺；对于正在建设的公共产品，政府需要及时明确其产权归属问题。

2. 政策的扶持

对于某些可能有清晰的产权，但是不能产生充足现金流的公共产品，需要地方政府给予一定的政策支持，比如通过补助等方式解决这部分公共产品的租金过低的问题。

除政府的资金支持之外，政府对地方债 REITs 的宣传和扶持也显得十分必要。由于我国的 REITs 还处于起步阶段，可能还存在着投资者不了解或了解不够透彻的情况，这就需要政府加强对地方债 REITs 的相关知识的普及和教育。对其基本情况、可能产生的收益情况和可能存在的风险进行普及。在地方债 REITs 实行中最大的障碍之一就是信托相关的法规对投资者人数的限制和最低出资额的规定。政府需要在地方债 REITs 的实行中，放开对投资人数和最低出资额的限制。

3. 合理的设立模式

由于我国的金融市场情况和国际上其他国家不同，设立地方债 REITs 时需要根据国际上普遍的 REITs 的基础模式进行改进。下面结合我国的市场和金融环境以及地方债 REITs 设立的目的和 REITs 的特性对地方债 REITs 进行修正。设计地方债 REITs，需要对其募集方式、交易方式、组织形式、基础资产和投资形式五个方面进行合理的设计。下面将结合地方债 REITs 的设计理念和设计思路，对这五个方面进行设置。

（1）募集方式。REITs 的募集方式分公募和私募两种。对于地方债 REITs 的筹集，本书选用公募的方式。这主要基于公募 REITs 对信息披露的要求较高，且相比私募，公募的募集对象更广，募集的资金更多。并有利于促进地方政府债务向可持续性、公开透明性方向发展，在一定程度上缓解地方政府融资方式单一的问题，为基础设施建设提供充足的资金。

（2）交易方式。REITs 的交易方式有封闭式和开放式两种。对于地方债 REITs 的交易方式，本书采用封闭式。相比开放式的交易方式，封闭式 REITs 的估价相对容易，管理难度也相比开放式 REITs 小。而且根据封闭式 REITs 的特点，在封闭期内投资者不能将基金份额赎回，只能在二级市场对受益凭证进行转让。这样可以保证投资建设资金的稳定性，对于在 REITs 发展处于起步阶段，运行地方债 REITs 的我国来说更为适合。

（3）组织形式。REITs 的组织形式，有契约型和公司型两种。在组织形式的选择方面，本书认为地方债 REITs 采用契约模式比较合理。主要基于契约模式能够为地方债 REITs 提供专业的资产管理和托管服务，且在我国契约型 REITs 的应税收入中用于分配的部分不征税。这样可以避免双重征税，降低成本。

（4）基础资产。地方债 REITs 的顺利运行，对基础资产的选择十分重要。根据 REITs 对基础资产的要求，资产需满足两个基本条件：第一，已经完工，投入使用且能产生稳定的可观的现金流；第二，资产的产权必须明确，且政府对其具有绝对的处理权和受益权。鉴于近年来 PPP 项目发展迅猛，存在不少产权明晰、具有稳定现金流的完工项目，故可以从质量优秀的 PPP 项目中选取进行试点。

（5）投资形式。常见的 REITs 投资形式分三种：权益型、抵押型和混合型。基于长远考虑，本书选择权益型的投资形式，其主要投资方向为运营不动产项目。国际上权益型 REITs 相比其他两种，占比更大。其更接近国际趋势，且其资金投向更符合地方债 REITs 的设立目的。

4. 适当的运作模式

一个好的解决方案需要一个适当的运作模式，根据上文对设立模式的设置，结合我国当前的现实情况和需要以及国内外已有的 REITs 运作模式，对国内外的 REITs 的运作模式进行修正和改进，以匹配地方债 REITs 的需要。

（1）运作主体选择。地方债 REITs 的参与主体主要由政府、管理人、受托人、受益人组成。政府将公共产品资产真实出售给地方债 REITs。负责对整个地方债 REITs 进行宏观指导，对于不具盈利能力的公益项目给以财政补贴，同时对地方债 REITs 的运行进行监督。

受益人是地方债 REITs 受益凭证的持有者，享有 REITs 的受益分配，能够通过投资人大会对 REITs 的运行情况进行监督，也承担 REITs 运行期间的风险。

受托人多为接受 REITs 托管的商业银行来担任。与普通投资者相比，托管人对管理人的制约能力更强。这也要求托管人应独立于管理人。

管理人分为两类，一类是资金的管理者，另一类是资产的管理者。其中，资金的管理者负责所筹资金的投资；资产的管理者负责对项目的经营和管理。REITs 的资产管理，一种是设立自身的管理机构，实现自我管理，这样可以节省一部分成本，但对自身的管理水平要求也很高；另一种是外部聘请专业的管理机构进行管理。基于地方债 REITs 项目的多样性和节约成本的需要，在地方债 REITs 的资产管理中采用内部管理的模式，由原来的公共产品管理者进行管理，这也是国际上的一种趋势。

（2）运作流程设计。根据上文对地方债 REITs 设立模式的假设，其运作流程可以进行如图 9 - 10 的设计：地方债 REITs 通过发行受益凭证，从投资者手中筹得资金，从政府购入公共产品作为基础资产。将所筹得的全部资金先交由托管机构托管，并委托管理人对所筹资金进行投资。通过资金投资、项目运营和政府补助所获得的资金收益交由托管机构管理，并对投资者发放收益分红。

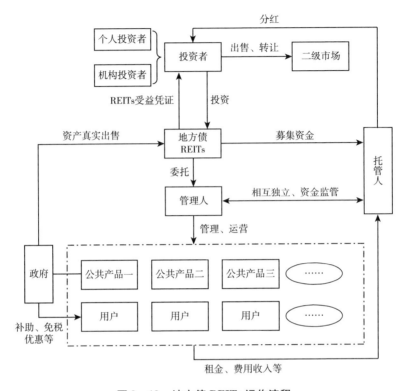

图9-10 地方债REITs运作流程

资料来源：根据图9-9 REITs的基本结构结合解决问题的实际需要并参考相关文献①改进而得。

9.2.3 地方债REITs的具体内容

1. 资产的选择阶段

在地方政府将资产进行出售之前，地方政府需要对地方政府众多的公共产品进行筛选。根据REITs对基础资产的条件，资产需要有明晰的产权归属，以及完工并能够产生收益或者政府能够提供补贴作为收入来源。针对这些条件政府需要进行严格的调查并归类。根据现状，资产可以分为符合、基本符合和不符合三类。

---

① 高旭华，修逸群.REITs：颠覆传统地产的金融模式［M］.北京：中信出版社，2016：68.

　　首先，具有清晰产权、已经完工且能够产生收益的公共产品，政府可以将其归类为符合类；其次，具有清晰的产权归属、已经完工但是纯公益产品的公共产品，政府可以将其分为基本符合类，这类资产一般由政府提供补贴或者售后回租的方式提供资金；最后，未完工或不具有清晰产权归属的公共产品可以分为不符合类。对于不符合类的公共产品，地方政府对其进行详细的跟踪记录，当其达到符合类和基本符合类的标准后，可以将其调整至符合类或基本符合类。

　　对基础资产进行分类后，地方政府需要聘请专门的资产评估机构对符合条件的基础资产进行评估。

　　2. 资金的筹集阶段

　　在地方债 REITs 募集资金之前，需要明确募集资金的目的、规模、期限、收益分配方式和投资者资格等。

　　首先，需要聘请专业的资产评估机构对基础资产进行评估，确定募集规模。对于符合类的资产可以根据其资产本身的价值和未来能够获得的收益进行评估，这就需要利用政府提供的相关公共产品的历史运营数据，由评估机构进行评估；对于基本符合的公共资产，则可以根据资产本身的价值和政府能够提供的补贴或租金进行评估。

　　其次，通常为了提高产品的吸引力，发行人会对产品进行信用增级。以往针对基础设施项目，比较常见的信用增级的方式是提供担保等外部增信措施。但政策规定，政府和相关机构不得随意提供担保，而且国际上成熟的 REITs 较少有增信，而且根据上文对 REITs 的特征分析，其最吸引投资者的部分就是其收益分配制度，故本书将不采用额外的增信措施。

　　再次，根据资产的总额确定相应的发行份数，确定最低出资要求。根据国际上对 REITs 股东的限制，大部分国家规定最低股东数量需为 100名、25% 的 REITs 资产需超过 500 位公众投资人持有，以及前五大股东持股合计不超过 50%、单一股东持股不超过 10%，有的国家和地区对此没有限制。[①] 对于地方债 REITs，由于我国还没有专门的法律规定，但按照地方债 REITs 的资金投向，最符合的文件是《信托投资公司集合资金信托

---

　　① 资料来源：全美不动产投资信托基金协会（National Association of Real Estate Investment Trusts，NAR EIT），*What's a REIT*？，https：//www. reit. com/what－reit.

计划管理办法》。该办法中规定："单个信托计划的自然人人数不得超过50人，合格机构投资者数量不受限制"。该办法对合格投资者的要求较高，其将最低出资额限制为100万元人民币。针对这个问题，由于地方债REITs采取的是公募性质，其主要针对的投资者为不特定社会公众，所以不用考虑最低出资限额的问题。但是在信托计划的人数限制方面，需要政府支持。可以将地方债REITs的投资者和最低出资限额放开，以便于吸引更多的投资者。

最后，根据项目运营的需要确定相应的封闭期。一般封闭时间据项目而定，十到三十年不等，且投资者购入受益凭证后只能通过二级市场进行买卖而不能直接追加认购或者赎回。

3. 风险隔离阶段

完成对资产的筹集后，政府作为资产的所有者也是地方债REITs的发起人，通过将其拥有的基础设施等资产真实出售给地方债REITs，利用不动产投资信托基金这一特殊目的载体实现地方政府自身与资产的风险隔离。在这一过程中，通过将基础资产的所有权完全转移给地方债REITs这一特殊目的载体，使这些通过举债建设的公共资产能够从政府的资产负债表中移除，而不被归入地方政府的破产财产之中，实现了地方政府与地方债REITs的破产风险相隔离。

地方债REITs以基础设施等公共产品为基础资产发行受益凭证，通过签订信托合约将这部分资产的所有权和风险分散转移给不同的投资者，从而实现双重的风险隔离。

4. 资金的运营和资产的管理阶段

由于地方债REITs基础资产的多样性，对资产的管理显得格外重要。地方债REITs发行后，沿用公共产品原来的管理人可以节约成本，也可以为公共产品提供更专业的维护。

根据地方债REITs的规定，资金的来源主要有三个。首先是发行受益凭证所得的投资者投入的资金。其次是运营基础资产所得，其中对于符合类的资产，其收益主要来源于对使用者收取的租金、费用；而对于基本符合类的资产，主要靠政府通过售后回租的方式提供租金以及补助的方式。一般而言，这部分资金具有稳定性、长期性的特点，这就为地方债REITs提供了稳定的资金条件。最后是通过投资其他公共产品REITs

获得的收益。在收入的比例方面，可以参考国际上"75%"的标准，即75%的收入来源为运营不动产所得，对投资其他方面的资产给予一定的限制。

在资金的运用方面，根据地方债 REITs 的要求，主要是对其基础资产进行运营管理。通过对公共产品进行完善和不断改进，增加其附加值，吸引用户和投资者。基于地方债 REITs 的设立目的，本书认为其投向应与地方政府投资兴建的公共设施和产品等不动产有关，具体可以将筹集资金用于购买和运营地方政府的公共产品。这样可以为地方政府公共基础设施的顺利运转提供资金支持，防止地方政府债务的堆积和扩张。

除此之外，托管人应该对管理人的相关投资和收入进行测试，保证其的投资方向和收入来源的规定的范围内；管理人也应该按规定出具资产管理报告，每年至少一次。

5. 收益分配阶段

收益分配制度作为地方债 REITs 吸引投资者的重要亮点，是地方债 REITs 的重要一环。根据国内外 REITs 市场对分红的规定，REITs 需将其应税收入的 90% 用于收入分配；对于出售利得，大部分国家无最低分红要求。根据 REITs 的要求，收益分配每年至少一次。

对于地方债 REITs 可以在确保项目能够顺利运行的情况下，将应税收入的 90% 用于收入分配。信托机构根据地方债 REITs 的经营情况，根据投资者的投资份额将用于收益分配的应税收入进行分配。这样一方面吸引投资者，另一方面鼓励社会资本参与基础设施等公共产品的建设。

6. 退出阶段

设立地方债 REITs 的目的是减少地方政府的债务负担，抑制地方政府债务风险膨胀，为地方政府的公共产品稳定可持续的运营提供条件，促进地方政府债务的可持续。因此，建立地方债 REITs 的退出机制十分重要，根据国内外相关 REITs 的经验，大多数 REITs 选择股份回购和上市的方式来实现资本的退出和股权的转让。对于地方债 REITs 封闭式的交易方式和公募型的募集方式，一般采用上市的途径比较合理。

9.3 地方债 REITs 的优势及其风险防范

9.3.1 地方债 REITs 的优势

相比现有的地方政府债务风险化解方法，地方债 REITs 在发行成本、参与主体、资金的稳定性和持续性方面具有优势。

1. 发行成本低

在方案的税收成本方面，在地方债 REITs 的实施过程中，涉及政府将资产真实出售给地方债 REITs 的环节，以及退出阶段的赎回环节。我国关于不动产资产证券化的税收还未做出明确规定，但参考我国财政部关于信贷资产证券化的税收政策。发起机构在资产出售的操作中，涉及资产收益权的转让，需要缴纳企业所得税，不需缴纳增值税。发起机构在到期赎回或转置已转让的资产时，也要按照相关规定缴纳所得税。[①] 这意味着在地方债 REITs 的实施中可能存在着对发起人的双重征税问题。但地方债 REITs 以政府作为发起人，即使是需要征税，其流向也是政府的财政收入。除此之外，由于方案的组织形式采用契约制，在地方债 REITs 应税收入中，用于分配的部分只需投资者进行纳税。综合这两方面的优势，地方债 REITs 的税收成本较小。在监督成本和管理成本方面，由于方案采用的是公开募集方式，对信息公开的要求较高，投资者的监督效果较强，这就减少了化解方案的监督成本。在资产的管理成本方面，方案采取的是部分内部管理模式。由各公共产品原来的管理者对项目进行管理，这样避免了外聘专业管理机构的成本，在一定程度上降低了方案中的管理成本。

2. 参与主体多元化

相比其他化解方法，地方债 REITs 的参与主体具有多元化的特征和优势。

首先，在发行主体多元性方面。相比地方政府债务只能够由省级政府

---

① 资料来源：国家税务总局《国家税务总局关于信贷资产证券化有关税收政策问题的通知》，http://hd.chin atax.gov.cn/guoshui/action/GetArticleView1.do? id=1874&flag=1，2006 年 2 月 20 日。

发行，市县级政府需要省级政府代发的特点，地方债 REITs 的发行主体更广。当省、市、县政府的公共资产满足地方债 REITs 关于基础资产的两个条件时，都可以作为发行人，发起设立地方债 REITs。

其次，在社会投资者多元性方面。相比于地方政府债务的主要投资者是银行、PPP 的社会资本参与度低等问题，地方债 REITs 并不对投资者的资格和投资金额进行限制，而是通过公募的方式，为投资者提供在二级市场进行交易的可能，让投资者能够根据需要进行灵活的投资和退出。

最后，在监管主体多元性方面。不同于其他化解方式可能只存在政府这个唯一的监管主体，地方债 REITs 的监管者主体包括政府、托管人、管理人和投资者。在地方债 REITs 运作的各个阶段对其进行监督，让地方债 REITs 运行的透明度得到很大的提高。

3. 资金稳定且持续

地方债 REITs 的资金大多来自基础资产的收益现金流，这种现金流相比通过发行地方政府债券获得的资金更具稳定性。其稳定性主要体现在这种现金流会根据物价的上涨和经济环境的变化而调整。当国内的经济环境发生变化、物价上涨时，基础资产对使用者的收费也会相应地增加，这就具有一定的抗通货膨胀性，保持了资金的稳定性。

地方债 REITs 根据项目的需要，一般的运作期限在十到三十年不等。相比于地方政府债券和置换债券的三年到七年，通过地方债 REITs 获得的资金能够更好地与我国地方政府的建设期限相匹配。而且，在地方债 REITs 运作的期限内，其基础资产的收益现金流在项目正常运转的情况下是持续的。

4. 避免了债务的过度积压

相比于债务置换、PPP 方式和发行地方政府债券存在的将债务偿还期限延长、债务偿还压力延后等债务延迟的化解方法，地方债 REITs 通过直接为地方政府提供偿债资金，在地方政府资产出售后即可对债务进行偿还，而不是累积债务数量。

根据地方债 REITs 的设置，地方政府可以以获得现金的方式或者获得受益凭证的方式获得资产出售的报酬。然后利用现金或者出售受益凭证的方式来偿还所欠的债务，这样可以直接偿还银行等债权人的债务，直接降低了地方政府的负债率。而且，根据地方债 REITs 的契约型组织形式，地方债 REITs 不能像公司型的 REITs 一样进行杠杆融资。这就避免了地方政府利用地方债 REITs 进行杠杆融资的行为，防范隐性债务的堆积。

9.3.2 地方债 REITs 可能存在的风险及防范

由于 REITs 中涉及多个参与主体和多个基础资产，而我国的 REITs 还处于初级阶段，缺少专门的立法规范，因此可能会存在一些风险。下面对这些可能的风险和方案中相应的防范措施进行分析。

1. 信用风险及防范

信用风险是参与主体不能对做出的承诺兑现的风险。REITs 中涉及多个参与者，包括政府在内，都有可能出现信用风险。大多数的信用风险发生会导致 REITs 的项目现金流出现问题，资金入不敷出，不能够向投资者进行收益分配，或者到期不能赎回。影响其信用的途径有很多，除了经营不善，宏观经济的变动也可能会导致信用风险。例如在宏观经济方面，利率的变动和通货膨胀的水平和经济形式的变动所引起的地方政府公共产品收益能力的变化。这些因素导致的变化将会使 REITs 在对投资者的利润分红、REITs 的收支等方面出现动荡，构成信用风险。

在地方债 REITs 的准备期，通过对基础资产的严格筛选，大部分基础资产都是优质资产。这样在前期可以通过控制基础资产的质量，减小了整个地方债 REITs 的信用风险。在地方债 REITs 的前期，通过资产的真实出售进行风险隔离，将发行人的风险与地方债 REITs 进行隔离。这意味着地方政府的风险不会向地方债 REITs 传导，所以进一步降低了地方债 REITs 的信用风险。在项目的中期，通过对管理人和托管人两者之间相互监督，加上投资者和政府对整个地方债 REITs 运作的监督，进一步降低了地方债 REITs 中管理人和托管人可能产生的信用风险。

2. 基础资产收益波动风险及防范

权益类 REITs 中基础资产的租金和费用收入是其现金流的主要来源。在地 REITs 的存续期间，可能出现基础资产损坏、报废和需要维修等情况，使得基础资产的预期的现金流受到影响。

针对这类风险，可以通过对资金的用途方面进行限定来防范风险的产生。第一，在地方债 REITs 中通过将筹集资金的用途进行限定，加强对基础资产的维护和运营，尽量避免在地方债 REITs 的存续期间出现收益间断的风险。第二，通过收益分配方式的设定，将地方债 REITs 应税收入的 90% 分配给投资者，而不是规定固定的收益率，将这种暂时性现象可能引起的风险降低。第三，通过分散化的投资，基础资产的构成呈现多样化的特征。多种基础资产同时出现断流的可能性比较小，这样进一步降低了基础资产的收益波动风险。第四，在基础资产的收益来源中，不乏地方政府支付租金的项目，这一部分项目收益具有一定的保障，基础资产的收益波动风险进一步降低。

3. 交易机制风险及防范

根据相关学者的分析，通过将 PPP 资产证券化可能会让地方政府债务的风险不断放大和积累，这种风险在 REITs 中也有出现的可能。REITs 的本身就是一个风险转移和增加流动性的渠道，通过将地方政府的债务风险转移给投资者，或是道德风险导致风险积累过度。但是这种风险会随着基础资产的规模数量和质量而增长或者缩小，具有一定的不确定性。

在地方债 REITs 中，通过控制基础资产的质量和避免优劣级的内部增信方式，避免风险被放大和积累。通过控制基础资产的质量，避免劣质质量基础资产被纳入地方债 REITs 的基础资产之中。通过取消优劣级的内部增信方式，避免地方政府作为优先层、社会投资者作为劣后层的设置。虽然表面上是将大量的风险让社会投资者承担，但当风险产生时，政府在其中还是有兜底的可能。在地方债 REITs 中借鉴国际上 REITs 不进行增信的设置，通过将应税收入的 90% 发放给投资者来吸引投资者，同时避免 RE-ITs 交易机制中可能产生的风险。

第10章 研究结论与政策建议

10.1 研究结论

本书从典型微观经济主体（地方政府、融资平台和金融机构）的行为特征出发，结合 CCA 资产负债表，分析了地方政府债务影响系统性金融风险的微观机理。在理论分析的基础上，进一步从国家、省级、微观公司三个层面，量化了地方政府债务对系统性金融风险的影响，检验了影响的直接和间接传导机制、异质性传导机制和空间效应，最后结合宏观层面因素，评估了宏观经济变化、数字金融发展以及政府政策可能带来的影响，最终得到以下研究结论。

1. 2001 年以来我国地方政府债务风险呈现出明显上升趋势

本书分别采用三种估算方法测度了我国地方政府债务规模，全国层面采用口径1，根据审计署披露的《全国政府性债务审计结果》数据进行估算，得到了显性地方政府债务规模；省级层面采用口径2，按照显性债务与隐性债务的分类，估算得到的地方政府债务规模包含了隐性债务，债务数据更全面；微观公司层面采用口径3，以城投债作为地方政府债务的代理变量。

从全国层面看，口径1测度的我国整体地方政府显性债务余额由2001年的约0.66万亿上升到2020年的25.66万亿元，[①]据此计算得到地方政

---

① 数据来源：本书表5-2测算结果。

府负债率（地方政府债务余额/地方政府 GDP）和债务率（地方政府债务余额/地方政府综合财政收入），将负债率和债务率作为地方政府债务风险衡量指标，研究显示，地方政府负债率由 2001 年 6.09% 上升到 2020 年25.35%，[1] 远超过本书确定的警戒线 10.30%，[2] 地方政府债务率由 2001 年的 43.61% 上升到 2020 年的 96.86%，[3] 同样超过本书确定的警戒线 71.86%。

从省级层面看，以口径 2 估算的数据为基础，运用 CCA 模型计算得到地方政府债务违约距离，将债务违约距离作为地方政府债务风险衡量指标，实证结果显示，2011～2019 年我国地方政府债务违约距离呈现出下降趋势，其中 2014 年下降较快，与当年宏观经济面不佳和新预算法的实施以及部分地区政府过度举债发展的倾向有关。地方政府债务违约距离的下降，表明我国地方政府债务风险呈现上升趋势。

从微观公司层面看，样本期（2007～2015 年）[4] 内城投债利差在 2008 年金融危机期间处于较高水平，随着危机的逐渐平息利差有所回落，但 2010 年年末之后又急剧上升，2011 年后半年达到峰值，此后城投债利差均处在较高水平，说明地方政府债务信用风险加大。

总体上看，我国地方政府债务存在较高风险隐患，存在债务风险爆发的极大可能性。

2. 2003 年以来我国系统性金融风险呈现先震荡上升再微幅下降的趋势

本书分别采用两种估算方法对我国系统性金融风险进行测度，全国和省级层面采用金融压力指数法，构建的全国及区域金融压力指数 FSI 覆盖了金融部门、证券（债券和股票）市场、保险市场、外汇市场 4 个子市场，并采用 CDF 信用赋权法和动态相关系数法进行指数合成；微观层面采用系统或有权益（SCCA）法，计算得到银行业系统性风险，作为系统性金融风险的代理变量。

---

①③ 数据来源：本书表 5 - 2 测算结果。

② 低于欧盟 60% 的警戒线，是因为考虑到测算中没有包含隐性债务规模，所以欧盟 60% 警戒线偏高。

④ 样本区间为 2007～2015 年，主要考虑到 2015 年起城投债逐步退出政府融资渠道，城投债利差对地方政府性债务风险的代表性将逐步弱化。

从全国层面看，自 2003 年以来，我国系统性金融风险压力指数 FSI 呈现很明显的三区制特征，即低风险区制、中风险区制和高风险区制，而且样本期（2003~2020 年）内大多数时间 FSI 都处于中、高风险区制，其中处于高风险区制的时间段主要包括：2008 年金融危机期间、2011 年下半年欧债危机爆发期间、2013 年银行业"钱荒"事件期间以及 2017~2018 年中美"贸易战"期间。虽然中风险区制的系统黏性较高，向高风险区制转移的概率较低，但是由于我国所处中风险区制时段较长，仍需警惕金融风险的异常波动，防范风险进一步向高风险区制转化。

从省级层面看，区域金融风险压力指数总体趋势和全国层面基本保持一致。除 2012 年、2016 年外，2011~2017 年我国区域金融风险压力指数 DFSI 在大多数时间处于较高位，2018 年以后有小幅回落，说明我国近年的金融风险治理取得了一定效果。

从微观公司层面看，样本期（2007~2015 年）内我国银行业违约概率曲线在 2008 年金融危机时的峰值达到了 5.6%，而金融危机之前与之后的违约概率均在 0.3% 以下。

总体上看，全国及省级层面的金融风险水平较高，并可能将长期面临较高的金融风险压力。如何应对金融压力整体上升的"新常态"，考验我国监管层的风险防控能力，也对我国当前金融监管改革提出了更高的要求。

3. 我国地方政府债务对系统性金融风险存在显著的正向影响

本书理论分析表明，微观层面视角下，作为微观经济主体之一的地方政府是我国系统性金融风险诱发的可能源头之一，尤其在预算软约束下，地方政府举债冲动和商业银行放贷冲动相结合，使得地方政府债务风险更易传导到金融系统，并通过信贷加速器，进一步放大金融风险，形成系统性金融风险。宏观层面视角下，宏观经济下行压力和区域金融风险的累积也增大了我国系统性金融风险发生的可能性。

在全国层面的实证研究中，本书分别采用了多元线性回归模型、MS-VAR 和 TVP-VAR 模型展开分析。基本回归模型分析显示，在逐步加入宏、微观控制变量的情况下，以地方政府债务率作为衡量指标的地方政府债务风险的估计系数在 1% 统计水平上显著为正；进一步的 MS-VAR 和 TVP-VAR 模型实证结果均显示，样本期（2003~2020 年）内地方政府债务对系统性金融风险 FSI 的影响参数始终为正，并保持相对稳定；不同提前期（1 个季度、半年和 1 年）和不同风险（高、中、低）区制时间点下的地方政府债务冲击对系统性金融风险的传导效应始终保持长期持续的正向影响，其中短期冲击的影响更明显；高风险区制时间点下的冲击影响强度略高于中、低风险区制。

在省级层面的实证研究中，利用 2011～2019 年 30 个省市自治区（西藏除外）的面板数据，通过构建面板双固定效应模型，实证结果显示，以地方政府债务违约距离作为衡量指标的地方政府债务风险的估计系数在 1% 统计水平上显著为负，表明债务违约距离的下降显著地提升了区域金融风险；在考虑遗漏变量、反向因果等内生性问题后，这一结论依然稳健。进一步证实地方政府债务风险的确是解释我国系统性金融风险的核心变量。

在微观公司层面的实证研究中，以城投债利差作为地方政府债务风险的代理变量，以银行业联合违约概率作为系统性金融风险代理变量，通过构建 SCCA‒VAR 模型，实证结果显示，地方政府债务风险是导致系统性金融风险升高的重要因素，体现在城投债利差的扩大会显著、长期地提升银行业的违约风险。

总体来看，宏观、中观和微观三个层面的实证结果均支持地方政府债务风险是导致我国系统性金融风险上升的重要驱动因素。可见，防范系统性金融风险必须加强对地方政府债务风险的治理。

4. 影子银行和土地财政是我国地方政府债务影响系统性金融风险的重要传导渠道

本书基于 CCA 资产负债表的理论分析表明，由于资产负债表关联的存在，地方政府债务不仅能通过债券持有直接影响金融机构的资产负债表，导致持有其债权的金融机构资产价值遭受损失；而且地方政府的股权价值和风险债务价值下跌，还可能通过影子银行、土地财政等间接传导渠道，导致金融机构资产价值遭受损失，进而造成其股权价值和风险债务价值出现连锁下跌，并向与其具有资产负债表关联的其他金融机构等部门进一步传递损失，进入"资产负债表衰退"的恶性循环，加剧系统性金融风险。

本书进一步基于省级层面的面板数据对上述传导渠道进行了实证检

验，在对影子银行规模、土地财政进行测度的基础上，研究证实影子银行和土地财政的中介效应显著，地方政府债务风险通过影子银行和土地财政渠道显著抬升了系统性金融风险，影子银行和土地财政的杠杆效应会进一步放大金融风险，加大系统性金融风险隐患，这一结论揭示了地方政府债务推高系统性金融风险背后的深层原因，明确了微观作用机制。

5. 我国地方政府债务对系统性金融风险的影响存在异质性

本书的理论分析表明，地方政府债务对系统性金融风险的影响具有异质性，具体表现为地域异质性、财政分权异质性和金融分权异质性。首先，从地域看，我国东部、中部和西部三人区域在经济发展程度、财政状况以及金融基础设施等方面存在差异，导致西部地区地方政府的偿债能力和金融风险的承受能力相对较低，政府债务风险对系统性金融风险影响的正向效应会更大。其次，财政分权程度越低，会加大政府对预算外收入的掠取，导致地方政府债务风险对系统性金融风险的正向效应增大。最后，隐性金融分权程度越大，地方政府越有能力干预商业银行的信贷资源配置，非理性举债的制约因素的减少，同样会增大地方政府债务风险对系统性金融风险的负向溢出效应。

进一步本书利用 2011～2019 年 30 个省市自治区（西藏除外）的面板数据，检验了不同区域的地方政府性债务风险对系统性金融风险的影响，结果证实三大区域的政府债务风险对系统性金融风险的影响都是显著为正，但是存在较大差异，中部、东部地区政府债务风险增加对系统性风险的影响系数小于西部地区。此外，西部地区的政府债务风险增加对系统性金融风险的影响是倒 U 形的，Utest 检验显示在 1% 的置信水平上显著，且政府债务违约距离拐点在 -3.811。说明西部地区的政府债务在一定阈值范围内能降低金融风险，这可能是由于西部地区基础设施建设比较落后，适度的政府举债促进了固定资产投资和基础设施建设，发挥了公共投资的积极作用。

在针对财政异质性和金融异质性的实证研究中，以财政分权、金融分权的中位数分别对各省份进行分组估计，固定效应模型回归结果均显示，财政分权程度高的组回归系数高于财政分权低的组，金融分权程度高的组回归系数高于金融分权程度低的组，说明财政分权程度越高和隐性金融分权程度越高，均在一定程度上越会增大地方政府债务风险对系统性金融风险的正向影响。

6. 我国地方政府债务对系统性金融风险的影响存在空间溢出效应

本书理论分析表明，地方政府间举债行为和决策存在空间关联性，导致地方政府债务风险存在一定的空间效应，并且地理邻近或经济发展相似的地区关联性更强。同时，隐性金融分权制度下，不同省份的金融资源也具有空间差异性和空间关联性，导致区域金融风险存在一定的空间效应，并且地理邻近或经济发展相似的地区关联性更强。财政分权和金融分权的共同作用，使地方政府债务对区域金融风险的影响存在空间溢出效应，地理位置邻近和经济发展水平相近的地区，金融风险溢出效应会更强。并且空间效应的存在往往还具有风险放大效应，使得区域间风险溢出效应大于区域内风险溢出效应。

全局 Moran's I 指数检验证明，在三种空间权重矩阵下，区域金融风险 DFSI、地方政府债务违约距离 DD 的全局 Moran's I 指数都通过了显著性检验，表明我国区域金融风险、地方政府债务风险空间依赖性显著，并且经济发展程度相似、地理相邻的省份间地方政府债务风险和金融风险的空间关联性更明显。

进一步利用 2011～2019 年 30 个省份（不包括港澳台和西藏）的面板数据，通过构建静态和动态空间杜宾模型，借用邻接矩阵、地理距离矩阵和经济地理矩阵，实证检验证实，地方政府债务对系统性金融风险在省域内外的空间溢出效应。结论表明，各方程中区域金融风险的空间滞后项参数估计 rho 均显著为正，表明区域金融风险在空间上存在正向空间交互效应或关联效应。债务违约距离 DD 的空间滞后项参数估计均显著为负，表明在考虑空间影响的情况下，地方政府债务风险的增大对周边地区的系统性金融风险扩散产生了显著的正向影响，本省地方政府债务风险会形成一定程度的"破窗效应"①，增大了邻近省份金融风险，导致区域间的风险外溢和扩张放大，并且地理位置邻近和经济发展水平相近的地区，金融风险溢出效应会更强。

因此，有必要重视地区间金融风险的交叉感染造成系统性金融风险爆发，同时，防控风险不仅要有针对性地重点整治，还应加强地区协作机

---

① "破窗效应"理论认为，环境中的不良现象如果被放任存在，会诱使人们仿效，甚至变本加厉。

制，避免地方政府行为的负外部性效应。

7. 经济下行压力将加剧地方政府债务风险对系统性金融风险的正向影响

在经济发展面临下行压力的宏观背景下，地方政府债务与系统性金融风险的关系呈现出与以往不同的特点。MS－VAR 实证分析中也显示，2020 年我国一直处于中高金融风险压力区，在此区间金融风险压力与宏观经济的关联性显著增强。空间杜宾模型的实证结果也表明，GDP 增长率下滑的确加剧了地方政府债务风险对系统性金融风险的正向冲击，并且 GDP 增长率的下降具有空间溢出效应，会对地理位置邻近或经济发展水平相近的地区产生较强的正外部性，加剧这些地区的金融风险。因此，新形势下，加快构建双循环新发展格局，以创新驱动实现经济的高质量发展，对防范我国系统性金融风险具有重要意义。

8. 数字金融的发展有助于缓解地方政府债务对系统性金融风险的正向冲击

数字金融作为科技赋能金融的新兴金融业态，不仅具有创新溢出效应，而且能产生"弯道超车"的新动力。数字金融具有普惠包容的特质，有助于缓解区域金融发展滞后而引发的地方政府融资困境数字金融有助于降低债务融资成本和融资风险，提升金融体系内部抗风险能力。

本书通过设置数字金融与地方政府债务变量的交互项 $dd \times digi$，构建空间杜宾模型进行实证分析，结果表明三种空间矩阵下交互项系数在 5% 的水平上显著为负，交互项的空间滞后项系数在 10% 的水平上显著为负。说明数字金融能够对地方政府债务风险与系统性金融风险之间的关系起到显著的负向调节作用，数字金融对系统性金融风险具有调节效应，并且对地理位置邻近或经济发展水平相近的地区具有正外部性，即对周边地区的区域金融风险具有抑制作用。

因此，如果地方政府能够因势利导，投资于面向数字金融的可持续基础设施，或许能为地方政府债务问题和系统性金融风险防范提供全新的解决方案。

9. 新预算法的实施有效缓解了地方政府债务风险对系统性金融风险的正向冲击

为防范和化解日益严重的政府债务风险，2015 年新预算法及国务院

43 号文的制定实施，成为地方政府融资行为变化的重要分水岭。本书将该政策的推出作为准自然实验，运用省级面板数据，采用双重差分法，通过构建空间杜宾模型，对政策实施的效果进行了实证检验，结果表明，政策的推出缓解了地方政府债务风险对系统性金融风险产生的不利影响，同时，政策在短期内对系统性金融风险产生了明显的抑制效果。政策不仅在时间上存在明显的惯性效应，而且在空间上也具有一定的扩散效应，从而进一步扩大了政策的积极效果，达到了抑制风险的目标，属于有效的政策。可见，从国家宏观层面实施的地方政府债务管理政策，对抑制系统性金融风险发挥了重要的积极作用。

10. 地方债 REITs 为缓解地方政府债务风险提供了新的解决方案

基于地方政府公共产品资产证券化的理念，站在引入不动产投资信托基金（real estate investment trusts，REITs）的视角进行解决方案的设计。第一，通过资产证券化特殊的风险隔离设计，将地方政府债务风险与地方政府隔离，并通过资产证券化产品的出售将风险分散。这样可以直接降低地方政府债务风险，而不是将其延后。第二，通过盘活原本流动性较差的资产，解决地方政府经济建设的资金需求。第三，通过市场化的运作方式，让整个实施过程处于投资者和政府的监督下。第四，通过产品的真实出售获得资金，为社会投资者提供退出通道；通过低门槛的准入方式和灵活的退出方式，让各类投资者能够参与其中。这样，在解决地方政府债务风险化解中存在的问题之余，也提供了一种新的化解思路，进一步增强了地方政府债务风险化解的可能性。

10.2　对策建议

10.2.1　基于地方政府债务融资视角

1. 加快推进地方债 REITs 的试点和实施

本书的研究表明，地方债 REITs 可以降低地方政府债务风险，增强了地方政府债务风险化解的可能性。地方债 REITs 是推进地方政府债务融资市场化的一项重要创新，推进地方债所形成的基础设施等公共资产的证券化，不仅能解决地方政府债务风险化解中存在的问题，而且能有效地吸引社会资本参与和扩大公共产品和服务的供给。通过市场化的运作方式，真正实现按商业化原则解决地方经济建设的资金需求，降低地方政府债务风险，减少对系统性金融风险的负面冲击。

虽然我国已经具备地方债 REITs 设立的基本法律依据，但关于 REITs 的专门立法文件等配套实施与国内外 REITs 发展迅速的国家和地区相比，还有一定的差距。在 REITs 发展迅速的美国、新加坡、日本和我国台湾地区和香港特别行政区均有法律相关的支持，为 REITs 的发展提供了良好的法律环境。我国与 REITs 最相关的立法文件是在 2004 年颁布的《信托投资公司房地产信托业务管理暂行办法》，虽然该法被认为很接近专门的 REITs 法规，但对于 REITs 的运作方式、结构和条件、税收制度等具体操作中的关键问题，还没有做出明确的规定。对于与地方债 REITs 相关的基础设施资产 REITs 的法律规范更是缺乏。因此，在目前地方债 REITs 的实施中，尚面临一定的法律政策障碍。针对这个问题，需要立法机关、地方债 REITs 和投资者三方共同的努力。在立法机关方面，应该积极开展关于 REITs 的专项立法工作。根据国内外 REITs 的立法经验，关于 REITs 的立法需要对 REITs 的准确定义、属性、税收、操作、基础资产、上市、信息披露等进行多方面的考虑。在地方债 REITs 方面，在专项立法出台之前，要加强对地方债 REITs 的前期设立审核工作、中期运行的监督工作和定期的发展状况汇报工作。在投资者方面，要加强对 REITs 相关知识的学习，谨慎投资、规避风险。

在地方债 REITs 的实施中，涉及管理人、托管人和投资者三者之间的利益博弈。如果不能有效的平衡三者之间的利益关系，在投资者信息不对称的情况下，管理人和托管人相互之间监管不到位，可能会产生管理人或托管人违约的风险和问题，导致地方债 REITs 整体运作出现问题。一旦出现上述的问题，地方债 REITs 可能会被相关机构调查，从而导致地方债 REITs 整体的运行受阻，影响收益的发放，降低地方债 REITs 的交易价值。因此，可以借鉴企业管理中的激励机制和监督机制。通过将管理人和托管人的报酬与地方债 REITs 的运作绩效挂钩，降低地方债 REITs 的管理问题。也可以通过设立地方债 REITs 份额持有人大会，加强投资者对管理人和托管人的监督，提高信息的透明度。

2. 规范地方政府举债约束机制

本书研究表明地方政府债务风险是系统性金融风险上升的重要驱动因素，防范系统性金融风险要从源头上对地方政府的过度举债行为进行约束和规范。

第一，应该强化终身问责机制，对地方政府违法违规举债行为进行严厉问责，以地方政府债务约束机制对地方政府举债行为进行规范，才能从根本上控制地方政府债务非理性增长，倒逼地方政府隐性债务显性化。

第二，探索建立各级政府债务项目的破产制度，硬化预算约束，打破政府债务刚性兑付的预期，推进预算管理法制化，更进一步公开政府收支详情，让公权力在阳光下运行，真正做到财政透明。

第三，要将政府债务风险纳入地方政府绩效考核指标体系，完善地方政府官员的考核体系，建立科学合理的考核晋升机制能够有限控制地方政府债务规模，改变现有的官员考核与提拔制度，把地方政府借债规模、期限、用途、债务偿还情况等列入官员政绩考核，将公共教育、医疗等民生领域发展纳入考核指标体系，避免 GDP 绩效考核下地方政府行为的负外部效应。

第四，科学制定举债规划及合理确定债券发行规模。在规划方面，地方政府要切实做好债务预算管理工作，对举债规划的制订要做到事前预算—事中调整—事后偿债的全面把控。市州、县区的债务额度应由省级财政部门根据各地区经济社会发展状况统筹分配，各级财政部门应将本级各债务使用部门单位的债务资金需求汇总并编制本级政府性债务预算草案，报本级人大审批和省级财政部门备案。乡镇府和同级别的经济开发区需要举借政府性债务的，由上级政府统筹安排管理。与此同时，应建立偿债责任制度，通过签订责任状来明确权利、责任和义务，避免盲目举债。

10.2.2 基于传导渠道视角

1. 建立地方政府债务 - 金融风险传导隔离机制

本书研究表明，由于资产负债表关联的存在，地方政府债务可以通过债券持有渠道直接影响金融机构的资产负债表，导致持有其债权的金融机构资产价值遭受损失。因此，有必要降低商业银行持有地方政府债务的风险头寸，以此降低地方政府债务与金融部门的关联，继续规范地方政府举债行为，完善地方政府的信息披露机制，财政部和各地财政部门需制定和完善地方政府资产管理制度，规定以地方政府为直接或间接债务人的资产要严格禁止参与影子银行信用创造，降低地方政府隐性杠杆率，限制"曲线融资"，避免政府隐性担保问题，降低商业银行的流动性风险与期限错配问题，尽可能分散累积在金融部门的风险。

2. 防控影子银行业务风险传导

本书研究表明，影子银行是地方政府债务影响系统性金融风险的重要传导渠道，因此要加强对影子银行传导渠道监督和管理，建立有效的防火墙。

首先，要根据影子银行风险传导的路径，加强对传导链条的监管，尤其要针对银政合作银行理财产品、信政合作信托产品、城投债以及融资租赁等风险传导的重要节点，进行科学评估和监测，有效控制金融产品设计的杠杆率和信用增级的幅度，压缩信用链条长度，从源头减少金融系统性风险的产生和积累。

其次，限制地方政府涉足影子银行融资，建立影子银行与地方政府之间的防火墙，严控地方政府债务资产在信托理财、银行理财等产品设计中的资金比例，将地方政府债务资金与影子银行资金做出清晰划分和认定，严格禁止地方政府对高杠杆高风险的影子银行业务提供责任担保，对地方政府涉及的影子银行业务进行规范，严控地方政府债务资产的信用风险，保障地方政府债务资金的安全。

最后，加快构建宏观审慎监管指标体系，建立统一的金融系统性风险监测平台，加强对影子银行规模的测算和业务的监督，在商业银行与影子银行之间设立防火墙，明确对影子银行发展的要求，健全影子银行法律法规，让其在合规监管下"阳光运行"，进一步减少影子银行对系统性金融风险的冲击。

3. 降低地方政府对土地出让收入的依赖

本书研究表明，土地出让收入减少会在一定程度上增加地方政府债务风险，推动区域金融风险的上升，土地财政是地方政府债务影响系统性金融风险的重要传导机制。因此，有必要逐步降低地方政府对土地出让收入的依赖，渐进式推动土地制度改革与市场化供给，打破地方政府对土地征收和出让环节的双垄断格局，调整土地收入结构并提高土地相关的税收强度。政府要加强土地市场调控，合理控制土地的供应，在土地供给端中引入市场机制，优化土地资源的配置效率，通过深层次的土地制度改革来调整依附土地资源的现有利益格局，着力培植有效财源，实现土地财政的"土地出让收入依赖"到"土地税收收入依赖"的转型，坚持大力发展地方经济，为地方政府构建更为稳定长效的税源，合理控制房地产开发投资，防止其加剧房地产价格的波动，造成对地区经济的冲击，加大金融风险的积聚。

10.2.3   基于异质性视角

1. 推进实施区域协调发展战略

本书研究表明，虽然我国东部、中部、西部三个区域的地方政府债务风险对系统性金融风险的影响都是显著为正，但仍存在较大差异，西部地区的影响系数更大，并且影响是倒 U 形的，说明西部地区的政府债务在一定阈值范围内能降低金融风险。因此，针对不同地区的地方债务问题，应采取差异化的应对策略，遵循举债与偿付能力相匹配这一基本经济规律，根据区域财政收支实力、可支配财力，充分考虑地区差异，设计多档债务上限，准确把握适用于不同地区的债务平衡点，以合理控制地方债务规模。综合考虑地方财政收入情况，合理安排偿债额度，使偿债计划更具体、更可行、更合理。由于地方政府债务对经济欠发达地区的金融风险影响更大，因此，在经济欠发达地区，要严格控制地方政府债务的存量，一方面要通过"开前门、堵后门"的方式将隐性的存量债务转化为显性债务，另一方面要严格把控新增债务，可以适度辅以中央资金的债务补助，增加这些地区的中央转移支付和政策优惠，发挥债务对经济的刺激作用，缩小东部、中部和西部地区发展差距。对于经济发达地区，虽然地方政府债务对系统性金融风险的影响相对较小，但是要把控债务冲击的强度，避免政府债务的无序扩张，进而促进区域经济均衡发展。

2. 继续加大财政分权的改革

本书研究表明财政分权是地方政府债务扩大的制度原因，财政分权程度的提高，会强化地方政府的主动和被动举债动机，增大地方政府债务风险，从而抬高区域金融风险。

对中央和省级政府之间、省级政府与下级政府之间的事权和财权进行合理分配，并出台相关法律法规进行明确和合理界定。具体讲就是完成地方政府部分事权的上移，降低其支出责任，同时扩大地方政府财权，进一步深化税收体制改革，构建地方政府稳定可靠的税源，增加地方政府预算内的可支配收入，提高地方政府特别是省级以下基层政府的转移支付规模和比例，提高基层政府的财力，按照"支出责任与财政事权相适应"的原则降低地方财政缺口，实现地方财政支出与收入的相互匹配，以此缓解地方政府的财政支出压力，降低地方政府债务风险，从根源上抑制因地方政府的被动举债行为引发的风险溢出效应。

3. 规范金融分权制度

本书研究发现，隐性金融分权程度高的地区，政府债务风险的增加对系统性金融风险的影响系数更大。隐性金融分权创造的弱融资约束环境下，更容易诱使商业银行发生信贷扩张行为，进而抬升地区金融风险。因此，应该对金融集权和分权进行有效权衡。

我国金融权力结构体制对金融风险影响深远，显性金融集权隐性金融分权的制度导致地方政府的融资约束变弱，使得扩大债务规模的动机更易实现，使金融风险不断酝酿和积累。因此，应该以全国一盘棋的思维，做好顶层制度设计，对金融业进行适度分权，一方面强化中央银行和金融机构总行的约束，另一方面，让地方政府对区域性金融市场、地方性金融机构具有一定的准入审批权，并接受央行和总行的监督，建立横向问责机制与纵向问责机制，合理划分金融风险责任分担，硬化责任约束，建立科学合理有序互补的金融资源配置体系，降低地方政府对信贷分配的过度干预，改善"信贷配置扭曲"问题，由此来防控因地方政府过度负债引发的金融风险传染。

10.2.4 基于空间视角

1. 建立区域政府债务风险联动调控机制

本书研究发现，地方政府债务对于本省和邻近省份金融风险均带来正向空间溢出效应，并且区域间的风险溢出大于区域内的风险溢出效应，进一步说明空间效应具有风险放大效应，空间关联在地方政府债务对系统性金融风险的传导过程中起着重要作用。因此政府政策的实施应充分考虑地区之间的空间关联，防控风险不仅要有针对性地重点整治，还应加强地区协作机制，通过建立区域政府债务风险联动调控机制，对全国地方政府债务通盘考量，避免地方政府行为的负外部性效应。

首先，可以建立区域债务信息共享平台，提高债务信息的传递和透明度，对各地区债务风险状况实行动态监测，对有债务风险苗头的地方政府债务进行提前预判并适时预警，各地方政府能够及时获悉周边地区的债务风险状况，从而加以防范。其次，推动政府债务管理跨域合作，可以尝试建立区域间财税合作，减轻落后地区财政支出负担，尝试建立有序协调互补的金融资源配置体系，积极引导金融资源由经济发达的省份流向经济欠发达的省份，给予中西部地区更多的资金支持，提高其风险应对能力，通过政府间的债务合作管理和联动调控，进一步减少风险的蔓延和扩散。

2. 建立区域金融风险防控的地区协作机制

本书研究发现区域金融风险存在显著的正向空间关联效应，地理相邻或经济发展程度类似的省份的风险外溢效应更为明显，风险可能通过区域之间的经济和资本联系进行扩散和积累，最终发展为系统性金融风险。因此，防范和治理我国系统性金融风险，不能忽视区域金融风险的空间外溢效应，有必要重视地区间金融风险的交叉感染造成区域性系统性风险爆发，不仅要加强区域间金融监管的互助合作，从金融关联业务等方面加强对金融风险传染重要环节的重点监管，加强对整治重点地区、重点省份的风险防控，更要加强金融风险防控的区域协同治理，建立区域间金融风险防控信息共享和政策协调机制，推动风险管理的地区协作，切断区域金融风险传导渠道，避免区域间金融风险的交叉感染和扩散。

10.2.5　基于金融创新赋能视角

1. 投资于面向数字金融的可持续基础设施

本书研究表明数字金融能够缓解地方政府债务对系统性金融风险的正向冲击。数字金融作为金融发展的新兴业态，不仅具有创新溢出效应，而且能产生"弯道超车"的新动力，如果地方政府能够因势利导，投资于面向数字金融的可持续基础设施，或许能为地方政府债务问题和系统性金融风险防范提供全新的解决方案。

一方面，数字金融的发展需要政府统筹全局，提供政策支持，从国家层面制定总的数字金融发展战略；另一方面，如果地方政府能够因势利导，尤其是承受着较大财政压力的中西部地区，通过"有为政府"与"数字金融"的良好协同，为数字金融的发展提供良好的制度环境，加大数字金融基础设施投资力度，破解制约数字金融发展的硬约束，更好地实现金融领域的创新驱动，从而助推这些地区摆脱债务融资困境，为推动经济高质量发展，实现"弯道超车"打下坚实基础。

2. 加强政府主导下的数字金融监管

数字金融发展兼具风险"制造者"和"防范者"双重角色，有效的金融监管是数字金融发挥创新驱动作用的重要条件，因此，金融监管体系亟须与时俱进进行变革，要平衡好金融创新与金融稳定之间的关系，借助大数据、人工智能、区块链等先进科技手段，构建监管科技体系，进一步加强宏观审慎管理，防范数字金融发展中可能诱发的金融风险，为释放经济增长新动能提供保障。

参 考 文 献

［1］巴曙松，居姗，朱元倩. SCCA 方法与系统性风险度量［J］. 金融监管研究，2013（3）.

［2］白艳娟. 融资平台加速器效应的风险作用机制分析［J］. 商业研究，2014（4）.

［3］财政部财政科学研究所课题组. 防范宏观金融风险的财政对策［J］. 经济研究参考，2006（27）.

［4］蔡书凯，倪鹏飞. 地方政府债务融资成本：现状与对策［J］. 中央财经大学学报，2014（11）.

［5］蔡小慎，牟春雪. 基于利益相关者理论的地方政府行政审批制度改革路径分析［J］. 经济体制改革，2015（4）.

［6］陈宝东，邓晓兰. 财政分权、金融分权与地方政府债务增长［J］. 财政研究，2017（5）.

［7］陈忠阳，许悦. 我国金融压力指数的构建与应用研究［J］. 当代经济科学，2016（1）.

［8］戴昌桥. 中美地方公共产品供给模式比较研究［J］. 中南财经政法大学学报，2013（3）.

［9］邓创，赵珂. 中国的金融压力及其对宏观经济景气的影响动态［J］. 财经研究，2018（7）.

［10］刁伟涛. 我国省级地方政府间举债竞争的空间关联性研究［J］. 当代财经，2016（7）.

［11］刁伟涛. 债务率、偿债压力与地方债务的经济增长效应［J］. 数量经济技术经济研究，2017（3）.

［12］［美］彼得・M. 法斯，迈克尔・E. 沙夫，唐纳德・B. 泽夫. 美国房地产投资信托指南［M］. 邢建东，陶然，译. 北京：法律出版社，2010.

[13] 封思贤，郭仁静. 数字金融、银行竞争与银行效率 [J]. 改革，2019 (11).

[14] 伏润民，缪小林，高跃光. 地方政府债务风险对金融系统的空间外溢效应 [J]. 财贸经济，2017 (9).

[15] 高旭华，修逸群. REITs：颠覆传统地产的金融模式 [M]. 北京：中信出版社，2016.

[16] 龚强，王俊，贾坤. 财政分权视角下的地方政府债务研究：一个综述 [J]. 经济研究，2011 (7).

[17] 龚汝凯. 分税制改革与中国城镇房价水平——基于省级面板的经验证据 [J]. 金融研究，2012 (8).

[18] 郭上，聂登俊，杜唯平，汪雯娟. 积极探索 PPP 与 REITs 相结合的创新融资模式 [J]. 经济研究参考，2017 (44).

[19] 何德旭，苗文龙. 财政分权是否影响金融分权——基于省际分权数据空间效应的比较分析 [J]. 经济研究，2016 (2).

[20] 洪源，胡争荣. 偿债能力与地方政府债务违约风险——基于 KMV 修正模型的实证研究 [J]. 财贸经济，2018 (5).

[21] 侯世英，宋良荣. 数字金融对地方政府债务融资的影响 [J]. 财政研究，2020 (9).

[22] 黄国桥，徐永胜. 地方政府性债务风险的传导机制与生成机理分析 [J]. 财政研究，2011 (9).

[23] 黄金老. 论金融脆弱性 [J]. 金融研究，2001 (3).

[24] 李建军，韩珣. 普惠金融、收入分配和贫困减缓——推进效率和公平的政策框架选择 [J]. 金融研究，2019 (3).

[25] 李建强，张淑翠，袁佳，魏磊. 影子银行、刚性兑付与宏观审慎政策 [J]. 财贸经济. 2019 (1).

[26] 李升. 地方政府投融资方式的选择与地方政府债务风险 [J]. 中央财经大学学报，2019 (2).

[27] 李文喆. 中国影子银行的经济学分析、定义、构成和规模测算 [J]. 金融研究，2019 (3).

[28] 李扬，张晓晶，常欣，汤铎铎，李成. 中国主权资产负债表及其风险评估 [J]. 经济研究，2012 (6).

［29］李振英．论政府与市场的合理边界［J］．大东方，2017（5）．

［30］李智，高洁，韩磊，章春瑜，成娟娟．廉租房投资信托（RE-ITs）：瓶颈与出路——以法律制度构建为视角［M］．上海：上海大学出版社，2016．

［31］刘慧婷，刘海龙．基于KMV模型的中国地方政府债务风险评价研究［J］．上海金融，2016（6）．

［32］刘尚希，赵全厚，孟艳，封北麟，李成威，张立承．"十二五"时期我国地方政府性债务压力测试研究［J］．经济研究参考，2012（8）．

［33］刘元春，陈金至．土地制度、融资模式与中国特色工业化［J］．中国工业经济，2020（3）．

［34］吕健，地方债务对经济增长的影响分析——基于流动性的视角［J］．中国工业经济，2015（11）．

［35］马树才，华夏，韩云虹．地方政府债务影响金融风险的传导机制——基于房地产市场和商业银行视角的研究［J］．金融论坛，2020（4）．

［36］毛捷，刘潘，吕冰洋．地方公共债务增长的制度基础——兼顾财政和金融的视角［J］．中国社会科学，2019（9）．

［37］毛捷，徐军伟．中国地方政府债务问题研究的现实基础——制度变迁、统计方法与重要事实［J］．财政研究，2019（1）．

［38］梅冬州，崔小勇，吴娱．房价变动、土地财政与中国经济波动［J］．经济研究，2018（1）．

［39］缪小林，伏润民．权责分离、政绩利益环境与地方政府债务超常规增长［J］．财贸经济，2015（4）．

［40］缪小林，高跃光．经济增长视角下地方政府债务负担率动态标准研究——基于西部Y省县域非线性Panel Data模型［J］．财经论丛，2016（3）：28－36．

［41］潘志斌．基于或有权益模型的我国地方政府性债务风险度量［J］．系统管理学报，2015（6）．

［42］钱海章，陶云清，曹松威，曹雨阳．中国数字金融发展与经济增长的理论与实证［J］．数量经济技术经济研究，2020（6）．

［43］清华大学国家金融研究院金融与发展研究中心课题组．中国系统性金融压力的监测［J］．国际金融研究，2019（12）．

[44] 任泽平，曹志楠．中国保险行业发展报告 2021 [R].

[45] 沈丽，范文晓．地方政府债务扩张对区域金融风险的溢出效应 [J]. 经济与管理评论，2021（2）.

[46] 沈丽，张影，李文君．我国区域金融风险的空间传染路径研究 [J]. 当代经济科学，2019（5）.

[47] 沈沛龙，樊欢．基于可流动性资产负债表的我国政府债务风险研究 [J]. 经济研究，2012（2）.

[48] 苏晶晶．系统性风险度量模型应用研究 [M]. 北京：中国统计出版社，2019.

[49] 孙秀林，周飞舟．土地财政与分税制：一个实证解释 [J]. 中国社会科学，2013（4）.

[50] 汤子隆．金融显性集权、隐性分权和地方政府债务效率——基于时空动态空间面板模型的实证研究 [J]. 投资研究，2019（4）.

[51] 唐松，伍旭川，祝佳．数字金融与企业技术创新、结构特征、机制识别与金融监管下的效应差异 [J]. 管理世界，2020（5）.

[52] 王虎，王莎．奥巴马政府促进基础设施投资政策措施简析 [J]. 中国财政，2016（23）.

[53] 王经绫，彭佼蛟，赵伟. PPP 项目资产证券化政府债务性风险问题研究 [J]. 证券市场导报，2017（9）.

[54] 王擎，刘军，金致雯．区域性金融风险与区域经济增长的相关性分析 [J]. 改革，2018（5）.

[55] 王永钦，陈映辉，杜巨澜．软预算约束与中国地方政府债务违约风险——来自金融市场的证据 [J]. 经济研究，2016（11）.

[56] 王佐华，王步芳. REITs 创新是化解地方债的有效途径 [J]. 中国经济信息，2016（7）.

[57] 魏加宁．地方政府投融资平台的风险何在 [J]. 中国金融，2010（16）.

[58] 吴永钢，赵航，卜林．中国金融体系内极端风险溢出关系研究 [J]. 南开经济研究，2019（5）.

[59] 谢绚丽，沈艳，张皓星，郭峰．数字金融能促进创业吗？——来自中国的证据 [J]. 经济学（季刊），2018（4）.

[60] 徐超，庞雨蒙，刘迪．地方财政压力与政府支出效率——基于所得税分享改革的准自然实验分析［J］．经济研究，2020（6）．

[61] 徐国祥，李波．中国金融压力指数的构建及动态传导效应研究［J］．统计研究，2017（4）．

[62] 亚诺什·科尔内．短缺经济学（下卷）［M］．张晓光，译．北京：经济科学出版社，1986．

[63] 姚晓阳，孙晓蕾，李建平．考虑市场相关性的中国金融压力指数构建方法与实证［J］．管理评论，2019（4）．

[64] 姚延中．房地产投资信托基金（REITs）研究［M］．杭州：浙江大学出版社，2016．

[65] 战明华，汤颜菲，李帅．数字金融发展、渠道效应差异和货币政策传导效果［J］．经济研究，2020（6）．

[66] 张辉，刘鹏，于涛，安虎生，戚安邦．金融空间分布、异质性与产业布局［J］．中国工业经济，2016（12）．

[67] 郑桂环，徐红芬，刘小辉．金融压力指数的构建及应用［J］．金融发展评论，2014（8）．

[68] 周黎安．中国地方官员的晋升锦标赛模式研究［J］．经济研究，2007（7）．

[69] 周立．改革期间中国国家财政能力和金融能力的变化［J］．财贸经济，2003（4）．

[70] 周正祥，张秀芳，张平．新常态下 PPP 模式应用存在的问题及对策［J］．中国软科学，2015（9）．

[71] 朱文蔚，全春霞．地方政府债务风险监管的国际实践与中国借鉴［J］．金融与经济，2016（10）．

[72] 邹蕴涵．当前我国金融领域的主要风险分析［J］．中国物价，2017（6）．

[73] Acemoglu D, Ozdaglar A, Tahbaz - Salehi A. Systemic risk and stability in financial networks [J]. American Economic Review, 2015 (2).

[74] Acharya V, Pedersen L, Philippe T, Richardson M. Measuring Systemic Risk [J]. Review of Financial Studies, 2017 (1).

[75] Akai N, Sato M. Soft budgets and local borrowing regulation in a dy-

namic decentralized leadership model with saving and free mobility [R]. Economic Institute of Barcelona, 2009.

[76] Aldasoro I, Gatti D D, Faia E. Bank networks: Contagion, systemic risk and prudential policy [C]. CESifo Working Paper Series, 2016.

[77] Allen F, Gale D M. Financial contagion [J]. Journal of Political Economy, 2000 (1).

[78] Andreas A Jobst, Dale F Gray. Systemic contingent claims analysis: Estimating market-implied systemic risk [C]. IMF Working Paper, 2013 (2).

[79] Andrew Ang, Francis A Longstaff. Systemic sovereign credit risk: Lessons from the us and europe [J]. Journal of Monetary Economics, 2013 (5).

[80] Arellano C, Kocherlakota N. Internal debt crises and sovereign defaults [J]. Journal of Monetary Economics, 2008 (2).

[81] Beirlant J, Goegebeur Y, Segers J et al. Statistics of extremes: Theory and applications [M]. New York: John Wiley & Sons, 2006.

[82] Benoit S, Colletaz G, Hurlin C et al. A theoretical and empirical comparison of systemic risk measures [R]. HEC Paris Research Paper, 2013.

[83] Berglof E, Roland G. Bank restructuring and soft budget constraints in financial transition [J]. Journal of the Japanese and International Economies, 1995 (9).

[84] Bianchi D, Billio M, Casarin R, Guidolin M. Modeling systemic risk with markov switching graphical SUR Models [J]. Journal of Econometircs, 2019 (1).

[85] Billio M, Getmansky M, Lo A W, Pelizzon L. Econometric measures of connectedness and systemic risk in the finance and insurance sectors [J]. Journal of Financial Economics, 2012 (3).

[86] BIS. Macroprudential policy and addressing procylicality [R]. BIS Annual Report. 2010.

[87] Board F S. Guidance to assess the systemic importance of financial institutions, markets and instruments: initial considerations [R]. Report to G20 finance ministers and governors.

［88］ Bonis R D, Stacchini M. Does government debt affect bank credit? ［J］. International Finance, 2013 (3).

［89］ Carlin T M. Public sector accounting practices in Australia: An overview of radical reform in action ［R］. Allied Academies International Conference, 2002.

［90］ Elhorst J P. Dynamic spatial panels: Models, methods and inferences ［J］. Journal of Geographical System, 2012 (1).

［91］ Ferri G. Are new tigers supplanting old mammoths in China's banking system? Evidence from a sample of city commercial banks ［J］. Journal of Banking and Finance, 2009 (1).

［92］ Gennaioli N, Martin A, Rossi S. Sovereign Default, Domestic Banks, and Financial Institutions ［C］. IGIER (Innocenzo Gasparini Institute for Economic Research), Bocconi University, 2012.

［93］ Giglio S, Kelly B, Pruitt S. Systemic risk and the macroeconomy: An empirical evaluation ［J］. Journal of Financial Economics, 2016 (3).

［94］ Gray D F, Jobst S. Malone. Quantifying systemic risk and reconceptualizing the role of finance for economic growth ［J］. Journal of Investment Management, 2010 (2).

［95］ Gray D, Merton R C, Bodie Z. Contingent claims approach to measuring and managing sovereign credit risk ［J］. Journal of Investment Management, 2007 (4).

［96］ Green C. From "tax state" to "debt state" ［J］. Journal of Evolutionary Economics, 1993 (1).

［97］ Group of Ten. Consolidation in the financial sector ［R］. G－10 report, 2001 (1).

［98］ Hackbart Merl M, Leigland J. State debt management policy: A national survey ［J］. Public Budgeting and Finance, 2010 (1).

［99］ Hamilton J D. A new approach to the economic analysis of nonstationary time series and the business cycle ［J］. Econometrica, 1989 (2).

［100］ Helisse Levine. The impact of debt management policies on borrowing Costs Incurred by U. S. State governments ［J］. Public Finance & Management, 2011 (11).

[101] Hollo D, Kremer M, Lo Duca M. CISS – A composite indicator of systemic stress in the financial system [R]. ECB Working Paper Series, 2012.

[102] IAIS. Systemic risk and the insurance sector [R]. Tech. Rep., 2009 (1).

[103] Illing M, Liu Y. An index of financial stress for Canada [R]. Working Papers, 2003 (29).

[104] Islam M, Faizul M S Hasan. The macroeconomic effects of government debt on capital formation in the United States: An empirical investigation [R]. Manchester School, 2007 (5).

[105] Joe D Y, F D. Oh, Spillover effects within business groups: The case of Korean Chaebols [J]. Management Science, 2018 (3).

[106] Joe H, Xu J J. The estimation method of inference functions for margins for multivariate models [R]. Dept. of Statistics University of British Columbia, Tech. Rept. 1996 (166).

[107] Kaufman G G. Bank failures, systemic risk, and bank regulation [J]. Cato Journal, 1996 (1).

[108] Krol, Robert. A survey of the impact of budget rules on state taxation, spending, and Debt [J]. Cato Journal, 1997 (3).

[109] LeSage J P, Pace R K. Introduction to spatial econometrics [M]. Boca Raton, Florida: Chapman & Hall/CRC. 2009.

[110] Merton R C. On the pricing of corporate debt: The risk structure of interest rates [J]. The Journal of Finance, 1974 (2).

[111] Minsky H P. The financial instability hypothesis: Capitalist processes and the behavior of the Economy in Financial Crises [R]. Levy Economics Institute Working Paper, 1982 (74).

[112] ONeill R. The transformative impact of E-government on public governance in New Zealand [J]. Public Management Review, 2009 (6).

[113] Qian Y, Roland G. Federalism and the soft budget constraint [J]. American Economic Review, 1998 (77).

[114] Reinhart, Carmen M K, Rogoff S. From financial crash to debt cri-

sis [J]. American Economic Review, 2011 (5).

[115] Rhonda Riherd Trautman. The impact of state debt management on debt activity [J]. Public Budgeting & Finance, 1995 (2).

[116] Rodden Jonathan. The dilemma of fiscal federalism: Grants and fiscal performance around the world [J]. American Journal of Political Science, 2002 (3).

[117] Ross S A. The economic theory of agency: The principal's problem [J]. American Economic Review, 1973 (2).

[118] Schwert M. Municipal bond liquidity and default risk [J]. Journal of Finance, 2017 (4).

[119] Tao K. Assessing local government debt risks in China: A case study of local government financial vehicles [J]. China & World Economy, 2015 (5).

[120] Temple Judy. The debt/tax choice in the financing of state and local capital expenditures [J]. Journal of Regional Science, 1994 (4).

[121] Torsten E, Kong S, Feng Z. Mapping shadow banking in China: structure and dynamics [R]. Bank for International Settlements, 2018.

[122] Wong C P W. Fiscal reform and local industrialization: The problematic sequencing of reform in post - Mao China [J]. Modern China, 1992 (2).

[123] World Bank, Indonesia: Managing government debt and its risks [R]. World Bank Other Operational Studies (2000).

[124] Xu C. The fundamental institutions of China's reforms and development [J]. Journal of Economic Literature, 2011 (4).

[125] Xu Jianguo, Zhang Xun. China's sovereign debt: A balance - sheet perspective [J]. China Economic Review, 2014 (31).

[126] Yang Z H, Chen Y T, Chen L X. Effective Measurement of Extreme Financial Risk and Nonlinear Contagion [J]. Journal of Economic Research, 2019 (5).